# 臺灣歷史與文化 研究輯刊

五 編

# 第 5 冊

## 鄉賢與土豪：
### 清代臺灣街庄總理與地方社會

鄭 威 聖 著

花木蘭文化出版社

國家圖書館出版品預行編目資料

鄉賢與土豪：清代臺灣街庄總理與地方社會／鄭威聖 著 — 初
版 — 新北市：花木蘭文化出版社，2014〔民 103〕
目 4+168 面；19×26 公分
（臺灣歷史與文化研究輯刊 五編：第 5 冊）
ISBN：978-986-322-637-6（精裝）
1. 地方政治　2. 清領時期
733.08　　　　　　　　　　　　　　　　　103001761

ISBN-978-986-322-637-6

9 789863 226376

臺灣歷史與文化研究輯刊
五　編　第五　冊　　　　　　　ISBN：978-986-322-637-6

# 鄉賢與土豪：
## 清代臺灣街庄總理與地方社會

作　　　者　鄭威聖
總　編　輯　杜潔祥
副總編輯　楊嘉樂
編　　　輯　許郁翎
出　　　版　花木蘭文化出版社
社　　　長　高小娟
聯絡地址　235 新北市中和區中安街七二號十三樓
　　　　　　電話：02-2923-1455／傳真：02-2923-1452
網　　　址　http://www.huamulan.tw 信箱 hml 810518@gmail.com
印　　　刷　普羅文化出版廣告事業
初　　　版　2014 年 3 月
定　　　價　五編 24 冊（精裝）新台幣 48,000 元

# 鄉賢與土豪：
## 清代臺灣街庄總理與地方社會

鄭威聖　著

## 作者簡介

鄭威聖,一九八二年生,苗栗縣苑裡人。國立中央大學歷史研究所碩士,研究領域為清代臺灣史。求學期間,曾蒙國立臺灣歷史博物館及國立臺灣大學數位研究發展中心獎助,現為文字工作者。

## 提　　要

　　本書的討論可分為兩個研究主軸,前半部探討清代臺灣街庄總理如何形成、發展,以及被清政府倚重責成的過程;後半部則選擇具有特別歷史意義的吞霄街庄總理作為討論對象,藉由長時間的觀察與區域的個案研究,探討地方權勢者如何競逐總理,並透過該職務進行各種資源的支配。

　　十九世紀清政府逐漸於里保區域下的街庄設置總理,藉以聯結廣大的地方社會,而總理自設置以來便不曾廢止,直至 1895 年清、日政權交替才終告停止。本書的研究指出,道光初年頻繁的地方動亂,致使福建上級官員在臺施行清庄聯甲政策,並交由總理以專責成,於是開啟總理一時權傾的機會。之後,總理的職權不斷被合法擴充,因此成為協助清政府治理地方與執行基層政務的首要人員。然而,當臺灣士紳階層逐漸形成之際,總理因權勢限於地方且身份逐漸低微,故日益難以與之競逐,於是總理的影響力將依地方局勢(競爭程度)不同而呈現出差異性。

　　在研究個案方面,本研究則具體說明總理制在地方社會的運作過程。終清一代,吞霄街庄總理始終都是清政府聯結當地社會的主要中介,這樣的原因來自當地士紳階層薄弱,致使總理成為地方顯著的領導人物。此外,當地總理常透過各種公私關係、人際網絡來建構與鞏固他們的地位與影響力,並且經由追隨官府討匪,晉身為軍功士紳,也進而出現強大家族壟斷鄉村政權的現象。值得注意的是,同治末年吞霄街商人勢力抬頭,他們開始透過結社與結合其他勢力,向軍功榮身的總理進行長期抗衡與競逐,甚至企圖透過國家司法管道奪回總理自咸豐年間以來所掌控的港口抽分權。

　　透過本書的探討,我們將能看到清政府如何建立起以總理為首的鄉治組織,以及總理如何支配地方資源並與官府交流,這將有助於我們理解清代街庄總理的歷史意義與地方發展的關係。

# 目次

## 表目錄

# 緒 論

## 一、研究動機與目的

臺灣自康熙二十三年（1684）納入清政府版圖，開始設府置縣統理臺灣，盡管日後因為土地開發與人口增加，增設官府來擴大轄區。但傳統地方行政機構只到達縣級為止，身為基層長官的知縣需親理民務，處理最基層的地方行政事務，如徵稅聽訟、治盜安良等，其政務紛繁，〔註1〕所以難以擔負起繁雜的地方政務。而康熙年間以來的保甲法，雖經過修正改造，讓保長（亦稱地保、鄉保、鄉長）能管攝地方公事，以承擔基層政務，但仍無法全面發揮其功能。在此背景下，官府為了彌補保功能的不足與分攤地方公事的辦理，逐漸在民間設置總理、董事等鄉職，助其維持地方治安、推展公事。〔註2〕尤其是嘉慶、道光年間普遍推行總理制，使總理成為官府推動地方政務的重要助手。誠如時任北路番理同知的陳盛韶所言：「臺灣廳縣管轄廖廓，事務殷繁，總理之設，誠治臺之要法」〔註3〕顯然總理在清政府的治臺政策中，

〔註1〕 瞿同祖著、范忠信等譯，《清代地方政府》（北京：法律出版社，2003年），29～34頁；另外，臺灣衙門差役的武力往往不夠充足，也不受民人信賴，時常有瀆職的狀況發生。Mark A. Allee, *Law and Local Society in Late Imperial China: Northern Taiwan in the Nineteenth Century.* （Stanford: Stanford University Press, 1994）, pp. 189-196.

〔註2〕 施添福的研究指出乾隆二十年左右，由於保甲制度在臺灣效果有限，故被改造融入鄉保系統，以廳、縣既有的地域單位，或里、保，作為保甲單位。施添福，〈國家、里保與地域社會：以清代臺灣北部的官治與鄉治為中心〉，於2007年12月20日發表於中央研究院臺灣史研究所主辦，「族群、歷史與地域社會學術研討會會議」，頁14。

〔註3〕 陳盛韶於道光十三年擔任北路理番鹿港仔港海防捕盜同知，其著《問俗錄》即其任官時對地方治理之思維。陳盛韶，《問俗錄》（臺中：臺灣文獻委員會，

相當重要。

　　本書即為探討清代鄉治組織中的總理一職，其職務主要除了興修公共設施、維持秩序等外，也辦理各種官治事務，如編造保甲及戶口、捕犯解案、清庄聯甲等事宜，乃為一鄉之核心。〔註4〕這些除了可看出總理被官府重視外，更是在鄉治組織裡具有重要的職位，並且在官府與地方之間扮演著重要的連結。

　　以往關於街庄總理的研究，除了戴炎輝將總理的功能、性質做了說明外，〔註5〕之後大多集中在兩方面：第一、總理制是官府力量的延伸，如蔡淵絜、艾馬克（Mark A. Allee）皆指出總理制的出現為官府將地方基層領導人物納入政府控制之中，以便深入街庄。〔註6〕文中著重於官府「上對下」的控制，未能呈現總理於地方如何運作，以及與官府的相互關係。第二、總理於地方社會的重要性，林玉茹、陳世榮等人觀察總理如何在地方發揮影響力與如何建構其勢力，〔註7〕指出地方人士常透過總理之職，建立起更大的影響力，並非單純地依附於官府之下。然而，上述的研究雖說明官府如何藉由總理來延伸其控制，以及總理如何在地方活動、建構勢力等，但少關注到幾點問題。首先，以往論及總理制的出現都只簡略提出臺灣因為人口大量的增長，或是社會的擾攘不安致使總理制的普遍推行，以及官府彌補地保功能之不足，〔註8〕但這種現象在當時中國也是普遍存在的問題。這種解釋無法

---

　　　　1997年），頁1、81～82。

〔註4〕　清代鄉庄職員，可分為官治與自治兩種。官治職員乃為保長、鄉長（鄉保系統），為州縣之耳目，辦理官治事務，是駐鄉的官役，非鄉庄自治團體之庄職；而自治職員則分有總理、街庄正副、董事等，他們必須擔負或協助官方的各種事務策劃，並被監督是否有不法行為。而總理為官方最重視之鄉職，與地保成為鄉治上重要角色。參見戴炎輝，《清代臺灣之鄉治》（臺北：聯經出版社，1979年），頁21～22。

〔註5〕　戴炎輝，《清代臺灣之鄉治》，頁9～35。

〔註6〕　蔡淵絜，〈清代臺灣基層政治體系中非正式結構之發展〉，《臺灣師大歷史學報》，期11（1983年6月），頁9～12；Mark A. Allee, *Law and Local Society in Late Imperial China: Northern Taiwan in the Nineteenth Century*, pp. 196-216.

〔註7〕　林玉茹，〈閩粵關係與街庄組織的變遷——以清代臺灣吞霄為中心的討論〉，收錄於曹永和先生八十壽慶論文集編輯委員彙編，《曹永和先生八十壽慶論文集》（臺北：樂學，2001年），頁81～99；陳世榮，〈清代北桃園的開發與地方社會建構（1683～1895）〉，國立中央大學歷史研究所碩士論文，1999年，頁272～276。

〔註8〕　戴炎輝，《清代臺灣之鄉治》，頁13；蔡淵絜，〈清代臺灣的社會領導階層（1684～1895）〉，國立臺灣師範大學歷史研究所碩士論文，1980年，頁246。

完整交代總理制的形成與清廷的治臺政策、措施有何關連。再者，以往研究說明士紳在地方事務具有相當大的影響力，〔註9〕以致少有專論街庄總理的研究。然而，清代臺灣的街庄總理如同士紳一樣熟悉並掌握地方資源，對地方也具有影響力，顯然總理在清代臺灣社會裡扮演著一股重要的力量。〔註10〕而官府實施總理制，提供了地方權勢者以正當身份來參與地方事務的推行，所以官方希冀擔任其職者，能如他們期盼具有「誠實、正直」、「素行端庄」、「辦事公正」等個性、能力，〔註11〕盡心盡力地為官方推展公務與維持地方安寧。許多研究者也著重此形象，〔註12〕但是從官府的示諭與批示看來，並非每個總理都能讓官府高枕無憂的統理地方；相反地，多位官員都曾對總理作出失望的批判，甚至是勸導總理該如何擔負起維持地方秩序的責任。此外，身擔總理重任之人，可藉由官方賦予的權力，進行公務與地方管理，然而這種方便行事的職責，在閱讀《淡新檔案》時，常能看出地方勢力競逐的事實，〔註13〕或者是出現總理「仗恃身勢，貪婪益甚，名曰奉公守法，實則假公犯法」〔註14〕等現象。

　　所以，總理這一職務在國家與地方皆扮演著重要角色，但從目前研究成果中無法全面地瞭解總理究竟如何進行各種活動，以及在清代臺灣地方社會中發揮其影響力。本書將總理置於清廷治臺政策、措施，與如何跟官府合作、對立的脈絡裡觀察，希冀瞭解總理出現的原因，並進一步探討總理如何與其

〔註9〕　張仲禮對紳士的界定為必須獲得某種官職、功名、學銜或學品來判別，又以正途與異途來區分上層與下層紳士。張仲禮，《中國紳士——關於其在十九世紀中國社會中的作用》（上海：社會科學院，1991年），頁4～6、29～69；臺灣有關士紳之研究如有藉由軍功進入士紳階層的霧峰林家。黃富三，《霧峰林家的興起》（臺北：自立晚報，1987年）；或藉由經商致富又成為地主，並進入士紳階層，參與公共事務，如竹塹的林占梅與鄭用錫。黃朝進，《清代竹塹地區的家族與地域社會——以鄭、林兩家為中心》（臺北：國史館，1995年）。
〔註10〕以往的研究說明士紳在地方社會的重要，是國家與地方社會中不可或缺的中介。瞿同祖著、范忠信等譯，《清代地方政府》，頁298。
〔註11〕戴炎輝，《清代臺灣之鄉治》，頁22～23。
〔註12〕早期的研究者在敘述總理的性格與辦事能力，由於少分析《淡新檔案》與示諭、文集裡所呈現出來的負面現象，故常引用官方所要求總理之適格條件來含括。戴炎輝，《清代臺灣之鄉治》，頁22～26；蔡淵絜，〈清代臺灣基層政治體系中非正式結構之發展〉，頁10。
〔註13〕淡新檔案校註出版編輯委員會，《淡新檔案（三）》（臺北：國立臺灣大學圖書館，1995年），編號12236.1-7（光緒十四年正月～光緒十四年八月），頁235～238。
〔註14〕淡新檔案校註出版編輯委員會，《淡新檔案（三）》，編號12225.1（光緒十年二月初一日），頁205。

它勢力結合，鞏固在地方的影響力；其次，爲了具體說明總理制的地方運作，則需要選定一個特定區域作爲研究對象，於此筆者選擇清代吞霄（今苗栗縣通霄鎮）街庄總理區作爲個案研究，除了該地有足夠的資料可說明外，更重要的是，當時社經條件與政治環境讓總理成爲清政府治理地方的重要中介。

所以本書將衡量清廷治臺的政策與兼顧地方社會發展的現實需求，重新檢視總理制及其相關問題。希冀透過本書瞭解清政府如何經由總理一職連結地方社會；而地方權勢人物又如何透過總理來建構或支配當地政治、社會、經濟等地位，藉此觀察清代臺灣總理之制度。

## 二、時間斷限與研究範圍

### （一）時間斷限

本書將以清治時期（1684～1895）作爲主要討論時間，其原因有二點：第一，歷史學界認爲清代臺灣總理制普遍出現於嘉慶、道光年間，但其出現絕非偶然，所以本研究爲詳細探討總理制出現的背景，則必須進一步討論清廷自從將臺灣納入版圖後，如何管理臺灣，其動機、成效如何？並且在面對臺灣人口急速增長與社會動亂頻繁等各種現象，清廷對於臺灣的治理態度、方法出現了何種轉變？而官府普遍地設立總理來管理街庄，這是否與清政府治臺政策的轉變有關係？藉由以上的討論，重新檢視並釐清總理制的形成過程。第二，文中主要探討總理制，所以將會從乾隆年間屢見於碑記中的總理、董事兩名稱來探討。戴炎輝認爲此總理、董事非街庄常置之鄉職，只是某臨時工程的主宰者（總理）及輔助者（董事）；〔註15〕但是以其身份功能觀之，與道光年間的鄉職——總理、董事，其用語、職責卻也相差不遠；另外，在朱一貴事變後，臺灣南部下淡水溪的六堆地區，所自然形成的武裝組織中的「六堆總理」，〔註16〕像這些類似街庄總理的型態，都必需詳加探討，相互比較。基於以上兩點原因，本書將以 1684～1895 年做爲研究時間斷限，瞭解清代臺灣街庄總理的形成及其發展。

〔註15〕戴炎輝，《清代臺灣之鄉治》，頁 13。

〔註16〕下淡水溪的六堆地區分佈今高雄、屏東兩縣之長治鄉、麟洛鄉、萬巒鄉、内埔鄉、竹田鄉、新埤鄉、佳冬鄉、高樹鄉、美濃鄉。而「六堆總理」爲各堆共選總理、副總理，更推舉全堆的大總理、副大總理。平時各自爲農，有事之時，即編隊從軍。大總理掌握指揮一切進退之權，副總理則協辦軍務，爲一種自治獨立屯田民的組織。伊能嘉矩，《大日本地名辭書　臺灣之部》（東京：富山房，1909 年），頁 807。

（二）研究範圍

　　本書的研究空間以清代臺灣街庄總理爲研究對象，主要藉由《淡新檔案》各種具有代表性的案件，並運用各種官方史料來說明街庄總理的基本面向，再以個案研究的方式聚焦探討總理制的運作與意義。

### 圖一　苗栗縣行政區域圖

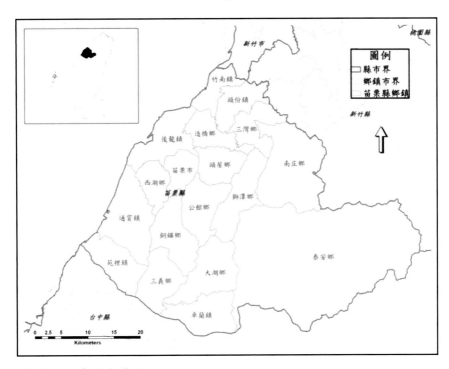

資料來源：李宗信製作

　　在個案研究方面，本書選擇清代「吞霄街庄總理區」做爲討論個案。吞霄街庄總理區主要以今日苗栗縣通霄鎮範圍爲主，本書以吞霄爲切入研究的因素，除了官府透過總理進行吞霄街庄的治理時，官員曾罕見欲以官派的方式任命街庄總理，以及後來有正副總理的設置外（原則上總理的產生是來自地方的推舉，並且少有正副之分），並由於吞霄爲閩粵雜居、樟腦產地與港口貿易等因素影響下，出現了各種圍繞總理而產生的糾紛。另外，由於吞霄士紳階層遠較其它地區薄弱，導致官府在執行許多治理政策，都必須倚靠總理協助執行；同樣地，原本領導地方的豪強，也透過總理來強化身分與支配力。因此，吞霄總理在當地成爲國家與地方之間的重要中介。這些歷史因素突顯

總理的重要性，是故藉由對該地總理的考察，可具體說明總理的運作，以及與官府的互動，這將有助於我們理解清代街庄總理的歷史意義與當地的發展。

## 表一　吞霄街庄行政沿革表

| 光緒20年（1894） | | 明治34年（1901） | | | 大正9年（1920） | | 現　今 |
|---|---|---|---|---|---|---|---|
| 街　　庄 | | 街　　庄 | 土　名 | | 大　字 | 小　字 | 里　名 |
| 吞霄街 | | 通霄街 | － | | 通　霄 | － | 通東里 |
| | | | | | | | 通西里 |
| 吞霄灣庄 | | 通霄灣庄 | － | | 通霄灣 | － | 通灣里 |
| 圳頭肚庄 | | 圳頭庄 | － | | 圳　頭 | － | 圳頭里 |
| 土　城　庄 | | 土　城　庄 | － | | 土　城 | － | 城北里 |
| | | | | | | | 城南里 |
| 南　和　庄 | | 南　和　庄 | － | | 南　和 | － | 南和里 |
| 福　興　庄 | | 福　興　庄 | － | | 福　興 | － | 福興里 |
| － | | 大坪頂庄 | － | | 大坪頂 | － | 坪頂里 |
| 梅樹腳庄 | | 梅樹腳庄 | － | | 梅樹腳 | － | 梅南里 |
| 南　勢　庄 | | 南　勢　庄 | － | | 南　勢 | － | 通南里 |
| 五里牌庄 | | 五里牌庄 | 五里牌庄 | | 五里牌庄 | 五里牌庄 | 五南里 |
| 羊　寮　庄 | | | 羊寮庄 | | | 羊寮庄 | |
| 番　仔　寮 | | | 番仔寮 | | | 番仔寮 | 五北里 |
| 隘　口　庄 | | | 隘口庄 | | | 隘口庄 | |
| 北　勢　庄 | | 北　勢　庄 | － | | 北　勢 | － | 平元里 |
| 番社子庄 | | 蕃　社　庄 | － | | 蕃　社 | － | |
| 內　湖　庄 | | 內　湖　庄 | － | | 內　湖 | － | 內湖里 |
| 楓　樹　庄 | | 楓樹窩庄 | － | | 楓樹窩 | － | 楓樹里 |
| 烏眉坑庄 | | 烏眉坑庄 | － | | 烏眉坑 | － | 烏眉里 |
| 北勢窩庄 | | 北勢窩庄 | － | | 北勢窩 | － | 福龍里 |
| | | | | | | | 福源里 |
| － | | 新　埔　庄 | － | | 新　埔 | － | 新埔里 |
| 白沙墩庄 | | 白沙墩庄 | － | | 白沙墩 | － | 白東里 |
| | | | | | | | 白西里 |
| 內湖肚庄 | | 內湖島庄 | － | | 內湖島 | － | 內島里 |

資料來源：施添福總編纂，《臺灣地名辭書　卷十三，苗栗縣（上）》（南投：臺灣文獻館，2006年），頁167。

## 三、研究回顧

對於臺灣街庄總理的研究回顧，此處將分爲四個部份討論：

### （一）治臺政策之研究

在治臺政策的研究上，早期對於清代治臺政策大都以同治十三年（1874）牡丹社事件作爲分界。有關於前期治臺政策的討論者，有張菼、莊吉發、黃秀政、施志汶等人，從渡臺禁令、文官任期、軍隊的駐防等政策來討論清代治臺政策，並討論此政策的施行是否屬清廷的消極治臺行爲；〔註17〕後期則有張世賢、許雪姬、張炎憲等人分別從臺灣建省、洋務運動與開山撫番等進行研究。〔註18〕以上學者的研究有助於我們瞭解清代臺灣的重要政策，可提供如何觀察清政府在面對臺灣治理問題時，會運用何種政策來調整統治手段、方針。但是，以往研究只注意到上述幾點政策，對於總理制度的推行卻都沒有進行討論，總理雖爲地方鄉職，卻被當時許多官員視爲治臺重要措施。所以本書也將總理制置於治臺政策的歷史脈絡中，觀察清政府在面對人口快速增長、社會動亂頻繁的臺灣，如何考量治安與兼顧臺灣地方社會的現實環境、需求下實施總理制，藉以達到官民相安的統治政策。

### （二）社會階層相關之研究

對於清代臺灣社會階層研究上，蔡淵絜、溫振華、林玉茹、許達然等人皆有重要的研究成果，他們分別對於不同的社會階層或流動做了詳細的討論與分析。蔡淵絜的研究較爲豐富，其〈清代臺灣的社會領導階層（1684～1895）〉討清代臺灣社會領導階層的組成及類型、轉變；另文〈清代臺灣社會上升流動的兩個個案〉也探討清代臺灣社會上升流動的實例。〔註19〕溫振華則在〈清

〔註17〕張菼，〈清代初期治臺政策的檢討〉，《臺灣文獻》，卷21期1（1970年3月），頁19～44；莊吉發，〈清初人口流動與乾隆年間禁止偷渡臺灣政策的探討〉，《淡江史學》，期1（1989年），頁67～98；黃秀政，〈清初治臺政策的再檢討：以渡臺禁令爲例〉，《國立中興大學文史學報》，期20（1990年3月），頁49～66；施志汶，〈清康雍乾的治臺政策〉，國立臺灣師範大學歷史研究所博士論文，2001年。

〔註18〕張世賢，〈晚清的治臺政策1874～1895〉，國立政治大學政治學研究所博士論文，1976年；許雪姬，《滿大人最後的二十年：洋務運動與建省》（臺北：自立晚報，1993年）；張炎憲，〈清代臺灣治臺政策之研究〉，國立臺灣大學歷史研究所碩士論文，1974年。

〔註19〕蔡淵絜，〈清代臺灣社會上升流動的兩個個案〉，《臺灣風物》，卷30期2（1980年6月），頁1～32。

代後期臺北盆地士人階層的成長中〉，說明當地士人多是低級功名，而在社會的影響力仍是以武力或財富，科舉的功名對他們來說只是錦上添花。〔註 20〕林玉茹透過探討清代竹塹地區的商人與其活動網絡中，說明當地郊商舖戶，常出任街庄各項鄉職人員（總理、董事），並行使推舉、罷免、具保等權，積極參與街庄自治。〔註 21〕相對於前者偏重士、農、商的社會階層研究，許達然則從探討清代臺灣民變與親族關係、以及平亂後崛起之軍功團體所造成的社會階級。另文，〈十八及十九世紀臺灣民變和社會結構〉則指出民變起事者的結果不但沒有動搖體制，反而是挫敗與家破人亡；另一方面，清廷獎助平亂者反倒使他們晉升為社會特殊階層，加深了社會的兩極化。〔註 22〕透過上述文章的研究成果，我們可以知道臺灣社會各種階層的上升、流動狀況，然他們並未探討地方人士如何經由擔任總理而崛起，以及總理如何與其他勢力結合、依存，而這樣的問題即是本研究欲探討之處。

### （三）臺灣街庄組織之研究

在清代臺灣地方行政的研究上，有戴炎輝、張勝彥、施添福等人。如戴炎輝概述廳縣的組織與運作，以及胥吏、幕友等角色的探討。張勝彥進一步對於清代臺灣行政體系做整體的論述，並指出臺灣廳縣轄區的調整並無前瞻性規劃，僅是受到治安或外力影響而改變。〔註 23〕至於施添福則透過清代各廳縣以下的行政區位與變遷等說明清代臺灣各級行政單位空間組織的原則。〔註 24〕然而，這些研究成果可以能我們瞭解清代臺灣的縣級以上的行政是如何運作、調整，並產生何種侷限，但是在縣級以下的非正式組織則無法瞭解其如何運作，除了早期的戴炎輝外，近年來學界對於街庄組織仍是有限的探討。

〔註20〕 溫振華，〈清代後期臺北盆地士人階層的成長〉，《臺北文獻》，期 90（1989 年 6 月），頁 1～32。
〔註21〕 林玉茹，《清代竹塹地區的在地商人及其活動網絡》，頁 312～318。
〔註22〕 許達然，〈清代臺灣民變探討〉，《史學與國民意識論文集》（臺北：稻鄉出版社，1999 年），頁 41～221；許達然，〈十八及十九世紀臺灣民變和社會結構〉，《臺灣文獻》，卷 51 期 2（2000 年 6 月），頁 57～133。
〔註23〕 張勝彥，《清代臺灣廳縣制度之研究》（臺北：華世出版社，1993 年）。
〔註24〕 施添福，〈清代臺灣市街的分化與成長：行政、軍事和規模的相關分析（上）〉，《臺灣風物》，卷 39 期 2（1989 年 6 月），頁 1～41；施添福，〈清代臺灣市街的分化與成長：行政、軍事和規模的相關分析（下）〉，《臺灣風物》，卷 40 期 1（1990 年 3 月），頁 37～65。

對於臺灣街庄組織的研究，最早爲戴炎輝的《清代臺灣之鄉治》，書中將清代臺灣鄉庄組織的組成、功能與運作，進行詳細地整理與分類。作者從淡新檔案裡整理出有關總理的資料，並說明總理在鄉治上的地位、地方如何舉任充當、總理區轄境以及總理職務等問題，其研究成果相當豐富。但由於戴氏著重於制度上的討論，因此無法瞭解總理的職責與運作是否會隨著歷史過程等因素而有轉變，而自從戴氏之後，其他論者若述及鄉村社會組織皆引用其論點，研究成果並無太大的差異之處。

林玉茹〈閩粵關係與街庄組織的變遷——以清代臺灣吞霄爲中心的討論〉，觀察吞霄街庄組織的變遷，顯示出街庄組織的形成背景與組合，並非是相同的，而是來自各方面的影響，進而調整、改變，充分反映地方社會所呈現出的特性；〔註25〕另外也探討此區正副總理兩邊派系的爭奪競爭過程，官府作出的調整與總理對地方的影響。〔註26〕黃國峯〈清代苗栗地區街庄組織與社會變遷〉，除了討論苗栗近海與沿山聚落街庄的拓墾過程有何差異性外，也說明街庄組織中總理、總理區的設置、名額是受到哪些因素的影響、產生何種變化。〔註27〕以上兩篇研究皆在探討區域性的街庄組織，呈現出組織的複雜關係與差異性。林玉茹的研究，引起筆者對吞霄街庄總理的興趣與啓發，不同於林氏的研究，筆者將於文中著重於對擔任總理者的討論，從中瞭解總理在各場域所扮演的角色與其多元性。

### （四）臺灣街庄總理相關之研究

學界對於臺灣街庄總理的研究相當缺乏，多以單篇論文討論，而內容涉及總理的研究也不多；在此，針對研究內容有涉及總理的部分，筆者只列舉有獨到之處者作回顧。

蔡淵絜在〈清代基層政治體制中非正式結構之發展〉，除了論及清代總理制的普遍推行原因外，也說明擔任總理的領導人物大都爲「老成富裕，且兼有名望才學，熟悉地方事務之人」，可惜的是這些仍是沿襲戴炎輝的說法；

---

〔註25〕林玉茹，〈閩粵關係與街庄組織的變遷——以清代臺灣吞霄爲中心的討論〉，頁81～99。

〔註26〕作者觀察吞霄街庄總理由於在閩粵族群意識與利益爭奪的相互作用下，出現了北臺灣地區唯一有「副總理」的設置，並且日後還提昇爲正總理，形成有兩位總理的現象，最後又重回原本設置的一名總理。

〔註27〕黃國峯，〈清代苗栗地區街庄組織與社會變遷〉，國立暨南國際大學歷史學系碩士論文，2004年。

〔註28〕艾馬克（Mark A. Allee）《十九世紀的北部臺灣：晚清中國的法律與地方社會》與蔡氏相似，都認為總理為官方力量的延伸，另外指出總理需負有預防犯罪與治安上的重要性，其責任更跨出法律領域，進入了國家相關事務，顯示總理備受官府倚重。作者指出官府與總理之間的合作體制，但從一些史料中可以反映出總理在地方上如何進行勒索、抗租等陽奉陰違的行為。

陳世榮在〈清代北桃園的開發與地方社會建構（1683～1895）〉中，以地方菁英的研究觀點來討論總理如何建構在地方社會的影響力，強調總理在地方社會具有相當的主動性，不是被動地依附在國家政權的控制之下。〔註 29〕吳俊瑩〈由斥革總理看十九世紀北臺灣地方菁英與官府的權力互動〉，文中則是延續此觀點，觀察清末北臺灣總理在鄉庄組織中運作的角色，並以「斥革」總理為脈絡，突顯出總理在地方上的主動性。〔註30〕

吳學明在《金廣福墾隘研究》中，透過大隘北埔等庄稟舉何廷輝為總理的僉稟文，除了討論墾戶在此僉舉過程所扮演的角色，更論及金廣福墾戶首在地方接管事務當在總理之上，其轄下各庄總理只是金廣福的助理。〔註 31〕可見總理雖為鄉治之首，但在面對強大的金廣福開墾組織，其職權相對縮減，呈現出總理在地方發展的差異性。

邱玟慧與施添福皆注意到保甲制度的實行狀況，並且注意到總理在地方上的重要性，總理需負責地方治安，實行清庄聯甲等職務，保甲長反而漸居次要地位，反應出清代臺灣的社會特質。〔註 32〕施添福並進一步以官治、鄉治組織為對象，探究地方官府如何依據這些組織將其結合連貫，使國家權力能滲透至鄉村社會，進行社會的控制與維護秩序。

最後則有楊晉平〈清代臺灣鄉約研究〉，作者認為臺灣的總理制即是中國的鄉約制度，〔註 33〕故該論文是專以討論清代臺灣總理的研究。楊晉平注意

---

〔註28〕蔡淵洯，〈清代臺灣基層政治體系中非正式結構之發展〉，頁 9。

〔註29〕陳世榮，〈清代北桃園的開發與地方社會建構（1683～1895）〉，國立中央大學歷史研究所碩士論文，1999 年，頁 272～276。

〔註30〕吳俊瑩，〈由斥革總理看十九世紀北臺灣地方菁英與官府的權力互動〉，《政大史粹》，期 8（2005 年 6 月），頁 35～65。

〔註31〕吳學明，《金廣福墾隘研究（上）》（新竹：新竹縣文化局，2000 年），頁 154～155。

〔註32〕邱玟慧，〈清代閩臺地區保甲制度之研究（1708～1895）〉，國立臺灣師範大學歷史研究所碩士論文，2007 年。

〔註33〕楊氏認為總理為中國鄉約乃根據同治年間福建巡撫歐陽泰《臺灣雜詠》的紀

到總理在民變中扮演的角色，同時文中也部份討論清代噶瑪蘭（宜蘭）總理
的設置狀況。不過，作者在官府與總理之間的探討，以及總理如何在地方建
構影響力等方面皆著墨不多。此外，筆者以為作者是否忽略臺灣為移墾社會，
其特殊性與中國顯然不同，輕易將總理等同於鄉約，這方面仍有待探討。

　　綜合以上的研究回顧，以往的研究者大多注意到縣級以上的行政機構
（縣廳設置、分防系統），而論及基層組織也著重在保甲制度，來討論清代
治臺政策、與地方行政層面。或許總理制由於是官方非正式組織，史料也較
為零散，致使前人皆少論及其運作，故對於總理制的探討相當有限。不過從
以上的文章可分別看出街庄總理在地方開發、商業行為、以及在民變械鬥裡
所扮演的重要角色，也提供如何觀察總理的視野。是故，街庄總理的研究需
置於區域來探討，方可詳細觀察地方總理的演變、更迭過程，並呈現出地方
特質。因此本書選擇以清代吞霄總理區為研究個案，嘗試從觀察該地整個開
墾過程的歷史脈絡中，瞭解其公務領導、運作的情況，而總理制出現之後，
地方又產生了何種變化；其次，由於過去研究重視國家政權由上而下「控制」
地方社會的觀點，忽視地方社會所擁有的自主性，故有必要朝此方面深論，
觀察街庄總理如何建構起自己的勢力、網絡，並如何與官府虛實應對。

　　再者，由於少有專論總理之研究，以至仍有許多問題仍有待討論。如總
理制的推行，皆以臺灣人口增加、公務繁多來說明，但是這並非是臺灣特例，
當時中國也是相同情況，這是否與臺灣為移墾社會其宗族組織、力量不較當
時中國凝聚有關？導致官府與地方權勢者合作，以推行總理管理地方秩序？
這與清廷的治臺政策有何關聯，而普遍推行的原因是否與整個社會發展、國
家安全有直接關係？再者，總理職務在上述研究中只能刻板的看見地方自

錄：「宰官領戳各鄉承，約長居然總理稱；執版道旁迎與送，頭銜笑看兩門燈。
注云：鄉約名總理，地方官給戳記，門首懸大燈，亦總理銜。」（楊氏亦引光
緒年間擔任臺灣兵備道唐贊袞《臺陽見聞錄》：「鄉承約長懸門燈（鄉約名總
理，地方官給戳記，門首懸大燈，亦總理銜。」然而比對兩者唐氏似乎是沿
用傳抄歐陽泰的說法）。不過，綜觀清代總理史料，再未見總理稱鄉約者，這
可能是歐陽泰自己等視之。再者，中國內地的鄉約權責、地位遠不及臺灣
總理，因此若要視總理為鄉約，還需更多的史料與完整的論述，方能說明兩
者之間的關係。臺灣銀行經濟研究室編，《臺灣雜詠合刻》，臺灣文獻叢刊第
28 種（臺北：臺灣銀行經濟研究室，1958 年），頁 42；唐贊袞，《臺陽見聞錄》，
臺灣文獻叢刊第 30 種（臺北：臺灣銀行經濟研究室，1958 年），頁 143；楊
晉平，〈清代臺灣鄉約研究〉，私立佛光大學歷史研究所碩士論文，2006 年，
頁 9～10。

衛、調解糾紛以及公眾事務等項，但事實上總理的職務有配合國家政務的推展，並且逐漸擴充職權的發展過程。另外，總理是否都會服從國家所交代之命令，負起一地秩序之責任？而總理的社會地位又是如何？這些問題皆有待釐清、解決，所以本書將以前人關注的面向，繼續延伸討論，並重新檢視相關問題，期待能透過本研究，呈現出街庄總理在國家與地方之間的重要性。

## 四、研究方法與史料

### （一）研究方法

本研究主要以歷史學研究方法爲主，運用總理相關的檔案、奏摺、古文書、碑刻等資料，透過各種史料的蒐集、進行歸納與解讀分析，深入探究總理的出現、地位和重要性。此外，並前往個案研究的通霄等地進行田野調查，透過歷史現場的觀察訪問以及族譜、古文書的收集，以利個案研究的成效。

### （二）研究史料

記載總理的史料，除了《淡新檔案》最爲集中豐富外，其餘皆散見其它史料，必需進一步蒐集、整理。運用史料主要分爲幾項介紹：

#### 1. 官方檔案

本文主要使用的官方檔案有《淡新檔案》、〔註34〕《軍機處摺件》、〔註35〕《清實錄臺灣史資料專輯》〔註36〕等各種官方史料。藉由這些清代臺灣的各種官方檔案，可提供清政府如何運用總理於地方的治理，亦可觀察出清政府的平亂過程，地方領導武力的轉變，如道光年間的械鬥讓上級官員意識到總理的重要，而開始責成清庄團練；而戴潮春事件裡則有關於官員動員街庄總理的細節。

《淡新檔案》爲北部臺灣縣級官廳的行政檔案，與本文有直接相關的有鄉保類40案，其內容爲官府諭示總理行事與地方街庄僉舉總理。另外，總理也涉入、處裡如鹽務、隘務、霸佔、強盜等糾紛案件，〔註37〕從中可看見總理向上呈報或利益互控的過程，這些內容可呈現出官府與地方之間互動的情形；此外，檔案也顯示有許多總理捲入地方糾紛與犯罪，是研究清代北臺灣

〔註34〕 洪安全主編，《清宮諭旨檔臺灣史料》（臺北：國立故宮博物院，1996年）。
〔註35〕 《軍機處檔摺件》，臺北：故宮博物院藏。
〔註36〕 張本政，《清實錄臺灣史資料專輯》（福建：福建人民出版社，1993年）。
〔註37〕 此處的案件分類名詞是以戴炎輝先生在整理淡新檔案時所做的分類。

政治、社會史的重要史料，也是本文建構地方社會的主要史料之一。

## 2. 地方志、調查資料、碑刻資料

地方志：地方志爲中國官府從事地方統治的重要知識，其內容包括一地的歷史沿革、行政建置與運作，以及人物鄉賢等，匯集了許多地方風俗、史料。其研究資料如《淡水廳志》、〔註38〕《苑裡志》、〔註39〕《苗栗縣志》〔註40〕等，這些均能提供地方基層行政與總理人物網絡的重要參考史料，對於建構地方歷史有很大的幫助；其中也有紀錄總董在地方動亂時如何進行抵禦工作。而日治時期的《新竹廳志》、〔註41〕《新竹縣制度考》、〔註42〕《新竹縣志初稿》〔註43〕等方志，也記載許多清代臺灣如法律、風俗、以及總理人員等資料。

調查資料：主要有日治時期政府與私人所編撰而成的《臺灣慣習記事》、〔註44〕《臺灣文化志》、〔註45〕《臺灣史料》、〔註46〕《地方行政舊慣調書》、〔註47〕《土地申告書》等。例如《土地申告書》裡的理由書與土地契約，可用來建構地方家族的發展與土地運用的情形；伊能嘉矩的《臺灣文化志》也有關於總理需參與哪些公共事物也有相當的敘述與分析。其中最爲重要的是《地方行政舊慣調書》，該書調查臺灣數地總理等鄉職人員的基本運作，另外還有總理、庄正等人的所得情況。這些資料皆可用來建構總理制與相關問題。

碑刻資料：現存清代臺灣碑刻資料相當豐富，無論是諭令的頒佈、城池的興建、寺廟的整置等，常以立碑存之。透過臺灣各地的碑文資料，即可發

---

〔註38〕陳培桂，《淡水廳志》（臺北：文建會，1963年）。

〔註39〕蔡振豐，《苑裡志》（苗栗：苑裡鎮公所，2005年）。此版本與臺灣文獻叢刊不同之處在於其內容完全茲據中央圖書館臺灣分館所藏之原稿印行，並未有文叢本因國家民族立場，而削刪原稿裡阿諛日本統治政府文句之現象。高志彬，〈苑裡志編印說明〉，《苑裡志》。

〔註40〕沈茂蔭，《苗栗縣志》（臺北：文建會，2006年）。

〔註41〕波越重之，《新竹廳志》（臺北：成文出版社，1985年）。

〔註42〕不著撰人，《新竹縣制度考》（南投：臺灣省文獻委員會，1993年）。

〔註43〕鄭鵬雲、曾逢辰，《新竹縣志初稿》（南投：臺灣省文獻委員會，1993年）。

〔註44〕臺灣慣習研究會編、臺灣文獻委員會譯，《臺灣慣習記事》（臺中：臺灣文獻委員會，1984年）。

〔註45〕伊能嘉矩著、臺灣文獻委員會譯，《臺灣文化志》（臺中：臺灣文獻委員會，1985年）。

〔註46〕臺灣守備混成第一旅團司令部編，《臺灣史料》（臺北：成文出版社，1985年）。

〔註47〕臺灣總督府民政部總務局地方課，《地方行政舊慣調書》（臺北：臺灣總督府民政部總務局地方課，1904年）。

現「總理」一詞，常見於村廟與示禁性質的碑記。透過這些碑文中的「總理」，可用以反映其性質。但必須注意的是，碑文中「總理」之稱，並非都指鄉職之總理，此需謹慎考證之處。另外如同治二年（1863）的〈公議言禁碑〉中的海山保大科崁總理張新潭；同治三年新埔街總理張林超出現於〈示禁賭博碑〉、〔註48〕〈鄞山寺石碑記〕，〔註49〕能藉由這些碑刻資料觀察總理參與哪些地方公務，以及如何透過人際關係來建構在地方的影響力。此外，亦有同治十二（1873）的〈示禁碑〉中記載「……總董誣良為盜，命案任意牽連。凡此四端，皆為害中之最……」〔註50〕則揭露總理、董事並無負起地方秩序之責任，反而出現陷害良民的現象。

### 4. 古文書

本書將使用《苑裡地區古文書集》、〔註51〕《道卡斯族蓬山社群古文書輯》、〔註52〕《清代臺灣大租調查書》〔註53〕、〈北埔姜家史料〉，以及筆者於通霄田野調查時所收集的古文書，這些土地契約除了可以呈現地方的開墾過程，更重要的是可以從部分契約上發現地方總理使用的戳印與擔任「中人」的角色；可從中建構總理的活動範圍與地方關係，亦能反映總理與地方事務的關係。

### 5. 文 集

文集常為官員治理一地之心得，故能呈現當時的國家政策、地方社會之狀況，但運用時仍得注意其官方立場的缺陷。比較重要者有陳盛韶的《問俗錄》，此乃陳盛韶咨訪當地紳耆後對於民間風俗的記載，如〈總理〉、〈羅漢腳〉、〈分類械鬥〉等篇中，可看見臺灣在長期械鬥、民變的過程中，總理於地方秩序、善後的重要之處。吳子光《一肚皮集》則有評議臺灣政治、漢人習俗等。〔註54〕另外，徐宗幹在《斯未信齋文編》〔註55〕中的〈諭各屬總理

〔註48〕陳朝龍、鄭鵬雲，《新竹縣采訪冊》，臺灣文獻叢刊第 145 種（臺北：臺灣銀行經濟研究室，1962 年），頁 251～252。

〔註49〕何培夫主編，《臺灣地區現存碑碣圖誌（臺北縣篇）》，頁 262～263。

〔註50〕黃旺成纂修，《臺灣省新竹縣志稿 卷十一藝文志》（新竹：新竹縣文獻委員會，1957 年），頁 163～164。

〔註51〕蕭富隆、林坤山編著，《苑裡地區古文書集》（南投：臺灣文獻館，2004 年）。

〔註52〕陳水木、潘英海編著，《道卡斯族蓬山社群古文書輯》（苗栗：苗栗縣文化局，2002 年）。

〔註53〕臺灣銀行經濟研究室編，《清代臺灣大租調查書》（臺北：臺灣銀行經濟研究室，1963 年）。

〔註54〕吳子光，《一肚皮集》，收入於黃哲永、吳福助主編，《全臺文》，十至十四冊

鄉約〉，則告誡總理該如何作官吏的指臂之助，成為朝廷的忠義之民。陳星
聚的示諭文中，也指出總理的惡行以及禁止之事。所以，總理實為官府治臺
方法之借重對象，常見於文集、檔案之中，史料雖為零散，但可提供當時官
府對於總理的觀感。

## 五、章節架構

　　本書除緒論、結論外共分為四個章節，前面兩章主要探討清代臺灣總理
制的相關問題，後面兩章則以個案探討的方式，以呈現總理制如何於地方運
作。其章節架構如下：第一章探討總理制的實施背景，從漢人移墾臺灣所產
生在治安方面的社會現象，以及地方政府如何透過原本的基層組織來強化對
地方的統治，最後則在道光年間建立起以總理為首的鄉治組織。第二章則探
討街庄總理的設置目的與職權，並且分析其相關規範以及社會地位，此外，
在第四節以九芎林姜家為討論個案，藉以說明總理幾個問題與現象。後面兩
個章節則考察吞霄總理轄區的實際運作，因此第三章說明其開發背景，從平
埔社群與漢人社會的發展過程來探討吞霄總理轄區的形成。最後則於第四章
以吞霄街庄總理為中心，考察他們的各種作為來說明總理如何協助地方政府
及領導與建設地方，試圖觀察清代街庄總理於國家以及地方的意義與重要
性。

---

　　　（臺中：文听閣圖書，2007 年）。
〔註55〕徐宗幹，《斯未信齋文編》（臺北：臺灣銀行經濟研究室，1960 年）。

# 第一章　總理制的實施背景及其建立

　　清嘉慶年間在臺灣各縣廳所設置的總董等鄉職，是清政府藉由地方勢力維護起統治秩序的重要手段之一。設立總理的目的即是責成地方領導人物，給予官方認可的身份，擔負起地方治安維護職務，以及防範匪徒滋事引起地方動亂。總董的設立到了十九世紀的臺灣，更受重視，並廣泛地設置推行。這意味著臺灣自康熙年間收入版圖後，經過一百多年來的開墾後，原有的行政建置已經無法有效維護統治秩序，尤其是武力衝突而處於緊繃的地方社會。本章分為四節，主要討論總理制的實施背景。總理設置的目的之一，即是責成地方權勢人物來協助官府在治安層面上的維護。因此需檢視臺灣移墾社會中動盪不安的因素，以及地方行政的組織與結構如何執行基本的捕盜職能，最後則探討官員如何在基層社會設立保甲制，而在因應臺灣移墾性質下，如何構思與走向新的鄉職系統，來穩定潛伏於社會的動亂危機。

## 第一節　漢人移墾社會的游民與械鬥

　　清政府自康熙二十三年（1684）領有臺灣後，閩粵沿海居民大量來臺移墾，臺灣得到蓬勃的開展。由於當時土地尚未飽和，因此漢人關心的是如何從原住民手中，與無主荒地下得到土地來開墾。另一方面，漢人頻繁的社會動亂至乾隆末年才真正給予清政府嚴厲的警惕，促使官員在基層組織上做出調整與改變。也就是說臺灣自十九世紀以來，人口大量增加，土地的取得與開墾達到飽和，經濟利益的糾紛導致以往潛藏於社會底下的衝突，接二連三地爆發出來。原有防亂與維持秩序的行政設置也已難以產生作用；此外，在

人口的成長與治安問題上也著實讓官府需要增加鄉職人員來協助政令的推動與分擔治安責任。因此在十九世紀時，福建省官員與地方官也逐漸構想出一些方法來穩固對臺的基層統治，街庄總理的設置即是當時重要的措施。因此在討論官員如何設置總理以及其他鄉職人員之前，必須探討領臺後的漢人社會到了十九世紀所呈現的治安問題，以及觀察廳縣官府的職能成效，才能顯示出官府設置總理的歷史脈絡。

臺灣在明末清初以來，就有迫於生計的閩粵民人渡海謀生。清政府領臺後，地廣人稀又宜於農耕的臺灣仍不斷吸引閩粵人士移民來臺開墾，逐漸形成漢人移墾社會。眾所周知，移墾社會的某些特質，是導致臺灣治安問題叢生的根本原因，尤其是在人口組成下的治安問題——游民與分類械鬥，更是官員治臺的重點之一，而總理的推行與其社會現象有著密切關聯。

## 一、游民問題

根據陳孔立的推估，清中葉臺灣的游民人數仍相當多（見表 1-1），因此游民問題影響臺灣的社會發展。他進一步指出臺灣游民是以閩粵兩省的游手無賴與逃犯，和閩粵移民到臺灣後的失業者與無固定工作的半失業者，以及臺灣本地滋生的失業者組成的。〔註 1〕在治臺官員的眼裡這些游民時常淪為盜賊或參與抗官民變，而游民之間也常以結盟結黨的方式來互相幫助，有些也會參與秘密會社的組織，一旦遇到機會時就趁釁夥黨，以「分股」的方式出來作亂，成為臺灣治安敗壞的重要原因。姚瑩曾指出游民所引發的社會問題，他說：「臺灣大患有三：一曰盜賊，二曰械鬥，三曰謀逆，三者其事不同，而為亂之人則皆無業游民也」〔註 2〕足見游民對社會治安的破壞力。

此外，來臺移墾的漢人在清初治臺政策的影響下，形成男多女少的社會，尤其是禁止攜眷渡臺的政令更是直接造成人口性別失衡。雍正年間閩浙總督高其倬便認為，這種現象使男子不但心無繫戀，敢於為非，他們常數十人共同居住，農田之時尚可從事耕耘，但在田園收成後，則終日無事，只能相聚賭飲，欠債時則偷竊強劫。〔註 3〕由此可知，單身的羅漢腳，在無家庭責任的

〔註 1〕 陳孔立，《清代臺灣移民社會研究》（北京：九州出版社，2006 年），頁 136。

〔註 2〕 姚瑩，〈上督撫請收養游民議狀〉，《中復堂選集》（南投：臺灣省文獻委員會，1994 年），頁 188。

〔註 3〕 高其倬，〈為奏聞臺灣人民搬眷情節事〉，《宮中檔雍正朝奏摺（八）》（臺北：

包袱下，特別容易挺而走險的犯下各種官府嚴禁的事情。

表 1-1　清代臺灣游民推估表（1764～1840）

| 年　　份 | 人口總數 | 估計游民所佔百分比 | 游 民 人 數 |
|---|---|---|---|
| 乾隆二十九年（1764） | 666210 | 20～30 | 13 萬～20 萬 |
| 乾隆四十七年（1782） | 912920 | 20～30 | 18 萬～27 萬 |
| 嘉慶十六年（1811） | 19444737 | 20～30 | 38 萬～57 萬 |
| 道光二十年（1840） | 25000000 | 10～20 | 25 萬～50 萬 |

資料來源：陳孔立，《清代臺灣移民社會研究》，頁 139。

　　游民的問題到了乾隆年間其狀況已越演越烈，如臺灣府海防兼南路理番同知朱景英認爲若及早不處治，日後將形成尾大不掉的局勢而難以收拾：

　　　　臺灣更有一種無賴之人，出則持挺，行必佈刀。或藪巨庄，或潛深

　　　　谷，招呼朋類，誘誘蚩愚。始而伏黨群偷，繼而攔途橫奪，蓋梗化

　　　　之尤者。初方目爲羅漢腳，而治之不早，將有鴟張之勢。〔註4〕

　　雖然在康熙年間以來官員都希望能將游民逐回原地以靖地方，但成效卻相當低落。另外，禁攜眷令雖然在雍正十年至乾隆二十五年（1732～1760）屢開屢禁，但真正解除禁令則在清政府平定林爽文事件的乾隆五十三年（1788）。〔註5〕因此游民狀況形成已久，到了道光年間陳盛韶仍強調游民問題，而且每個街庄都爲數不少，因此成爲臺灣難治之因：

　　　　臺灣一種無田宅、無妻子、不士、不農、不工、不賈、不負載道所

　　　　言路，俗指爲羅漢腳。嫖賭、摸竊、械鬥、樹旗，靡所不爲。曷言

　　　　乎羅漢腳也？謂其單身，游食四方，隨處結黨，且衫褲不全，赤腳

　　　　終生也。大市村不下數百人，小市村不下數十人。臺灣之難治在此。

　　　　〔註6〕

　　游民引發的動亂也不在少數，據論者統計臺灣的「民變」事件中，屬於游民騷亂與暴動者就佔了很大的比重，從清初至咸豐八年（1858），此類型的

　　　　國立故宮博物院，1977 年），頁 472。

〔註4〕　朱景英，〈記氣習〉，《海東札記》（臺中：臺灣省文獻委員會，1974 年），頁
　　　　29～30。

〔註5〕　臺灣銀行經濟研究室編，《清高宗實錄選輯》，臺灣文獻叢刊第 168 種（南投：
　　　　臺灣省文獻委員會，1997 年），頁 621。

〔註6〕　陳盛韶，〈羅漢腳〉，《問俗錄》，頁 87。

動亂約有六十五起。由游民主導的動亂如有雍正十年（1732）吳福生事件、乾隆三十三年（1768）的黃教事件，以及大小「豎旗」茲事的動亂。〔註7〕因此從上述的討論可以知道移墾社會的臺灣，在人口組成上存在著一些單身游民，其非法行徑構成臺灣在治安上的不穩定，而官府起初以保甲制度來取締游民，但卻成效不彰，也因此促使官府加強了鄉治系統，來達到管束游民的目的。這方面的論述，將於之後的保甲制度與總理制來探討。

## 二、分類聚居的移民社會

臺灣作為清政府的邊區「新地」，來自中國的移民成員深刻影響著臺灣社會的各種發展。早期來臺開墾的漢人在家族制度未能普遍建立，缺乏以血緣作為聚落組成的條件，便以原鄉祖籍關係或語言、風俗等文化特質而形成地緣聚落。來臺移民者大抵來自漳、泉、福、興、潮、惠等府為主，其以漳、泉移民者遠多於潮、惠兩府。〔註8〕

臺灣各地的拓墾，大多形成以同族同語的移民集中在一個地區進行開墾。其原因除了來自地方領導人物的號召、招募外，同鄉意識也加深了彼此在必要時能患難與共，形成以祖籍地緣關係的聚落村庄。早期不同祖籍移民也有共同開發的情況，不過後來也會逐步調整、遷移，到了乾隆末年，臺灣各地已形成明顯祖籍分布，鄭光策〈上福節相論臺事書〉說：

> 按全臺大勢，漳泉之民居十之六七，廣民在三四之間。以南北論，
> 則北淡水、南鳳山多廣民，諸彰二邑多閩邑。以內外論，則近海屬
> 漳泉土著，近山多廣東之客庄。〔註9〕

如前所述，移墾漢人們早期所關注的是如何得到原住民土地與無主的荒地，而不是過度地招惹其他籍別的漢人，他們可以因為利益而結合，也可為其衝突廝殺，只是在早期他們少有嚴重的衝突。然而當漢人逐漸取得土地，以及建立起社會優勢時，不同族群之間為了爭奪或維護各種利益，往往導致械鬥的發生。最為常見的如爭地、搶水，或是民間糾紛，以及在動亂時稱為「義民」的人，在私下報復平時與他籍者所結下的仇怨。此外，不少規模較大

---

〔註7〕 陳孔立，《臺灣歷史綱要》（北京：九州出版社，2006 年），頁 120。

〔註8〕 施添福，《清代在臺漢人的祖籍分布和原鄉生活方式》（南投：臺灣文獻委員會，1999 年），頁 66。

〔註9〕 鄭光策，〈上福節相論臺事書〉，《清經世文編選錄》，臺灣文獻叢刊第 229 種（南投：臺灣文獻委員會，1997 年），頁 17。

的分類械鬥也是游民特意滋事而造謠煽動的結果。〔註 10〕可見在漢人的聚落裡，游民引發的社會問題與分類械鬥成為十九世紀最為常見的地方動亂，而這就考驗官員如何針對這些形勢，做出廣泛並實用的防範與緝捕的行政網絡。

## 第二節　地方政府與保甲制度

在進入清代臺灣官府的防範與緝捕網絡之前，我們需先概要了解地方政府的構成與各種職能，才能知道官府如何架構行政組織來治理地方，並且觀察其成效如何。

### 一、地方政府

臺灣的廳縣為最基層的行政組織，因此身為地方官的同知、通判、知縣在地方行政扮演著重要角色，縣官需對轄區內的一切事情負責，如徵稅、司法、郵驛、鹽政、公共工程、倉儲、保甲、教育與禮儀事務等，尤其重要的是需要維持轄區的秩序。〔註 11〕這樣繁雜的事務，除了透過地方衙門體系來展開政務外，由於地方交通不便與轄區遼闊下，必需要設置一些如佐貳官的縣丞或主簿等來協助知縣專管某一地區。而臺灣各廳縣均未設置主簿，大都以分防縣丞來減輕協助正官印的負擔，加強對地方的治理，〔註 12〕另外，還有被稱為雜職官的巡檢，也是用以分攤正印官職責而分駐要地，以彌補廳縣設置的不足，這樣的措施可說是清政府在十七世紀末以來針對各地日益開發，與廳縣內轄區遼闊、防務空虛之處，或是人口匯集、商業繁盛之肆，〔註 13〕所產生的各項治理問題所做出的調整措施。而分防佐貳的設立也的確發揮很好功效，也與地方權勢人物有良好的處事默契，徐宗幹如此認為：「臺屬地方遼闊，各廳、縣恃分防佐雜為耳目，而遇事藉以收指臂之助；平日於所管各鄉，事無鉅細，隨時探報，且與紳士、總理比印官易於親近，往往收息事安民之效」。〔註 14〕

---

〔註 10〕林偉盛，《羅漢腳──清代臺灣社會與分類械鬥》（臺北：自立晚報，1993 年），頁 171～172。

〔註 11〕瞿同祖著、范忠信等譯，《清代地方政府》，頁 31。

〔註 12〕施志汶，〈清康雍乾三朝的治臺政策〉，頁 60。

〔註 13〕施添福，〈清代臺灣市街的分化與成長：行政、軍事和規模的相關分析（上）〉，頁 25～26。

〔註 14〕徐宗幹，〈澎湖官制議〉，《斯未信齋雜錄・斯未信齋文編》（南投：臺灣文獻

　　在清政府管理漢人基層社會方面，則因地方發展狀況的不同，分別於廳縣下劃為里、保、鄉、澳，作為官府征收賦稅與治安管理的單位，[註15] 其下則包括許多街庄。以位於北臺灣淡水廳的「保」為例，在同治十年（1871）時除了廳城四周有著八十二個庄外，尚有十二個保，保下約有十到三十個左右的街庄，[註16] 每保並有一名勾攝公事的駐地官役——地保，而街庄數量的多寡應來自地方發展程度。而這樣的里保區域的劃分，是有助於行政事務的執行與推展。

## 圖 1-1　十八世紀的臺灣行政組織

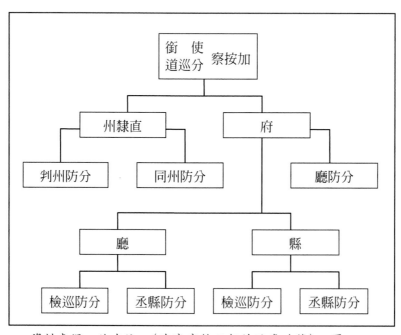

資料來源：施志汶，〈清康雍乾三朝的治臺政策〉，頁 44。

　　另一方面，作為廳縣內部組織的官衙，依其承擔內外事務的人員，可分為三個部份：其一是由地方官私人僱用並隨其進退的幕友與家丁，幕友負責錢糧會計稽核、訴訟公文批答等事務，並提供地方官各種政務的諮詢。家丁

---

委員會，1994 年），頁 94。

〔註15〕依慣例，里用於曾文溪以南，至恆春一帶的地方；保則用於曾文溪流域以北，至宜蘭地方；鄉則僅用於臺東地方；澳則限於澎湖各島嶼。伊能嘉矩，《臺灣文化志（上卷）》（臺中：臺灣省文獻委員會，1991 年），頁 379。

〔註16〕保與庄的統計資料來自鄭用錫，《淡水廳志稿》（南投：臺灣省文獻委員會，1997 年），頁 47～52。

則管理印信、充當跟班、管理內務等事；其二爲廳縣各房的書吏，原則上有
吏、戶、禮、兵、刑、工的六房，但在多數情況下，往往不只有六個房科，
有些地方因負責其他事務，而設立專門的機構負責，〔註 17〕比如在臺灣的
淡水廳則另有專掌文書的承收與發送的承發房，以及管理糧稅事務的糧稅
房；安平縣則另加承發房與值堂房，因此兩地衙門都有「八房」。〔註 18〕而
各房的書吏分別處理特定文牘、帳冊與保存文書檔案等相關事務；其三是以
壯、快、皂「三班」爲主的差役，負責辦理催徵賦稅、指傳人證、緝捕盜賊
等外勤事務。此外，尚有門卒、轎夫、庫子、禁卒等人也屬於差役，〔註 19〕
因此地方衙門的行政主體是由各房的書吏與差役組成（地方衙門的組織結構
與統屬關係，見圖 1-2）。

## 圖 1-2　清代縣衙組織結構圖

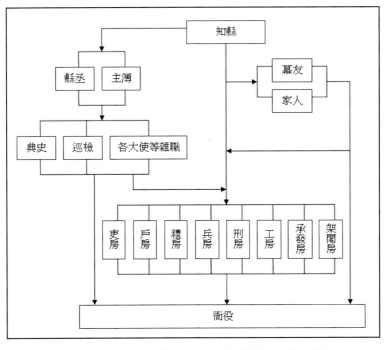

資料來源：周保明，《清代地方吏役制度研究》，頁 108。

---

〔註 17〕周保明，《清代地方吏役制度研究》（上海：上海書店，2009 年），頁 109。
〔註 18〕戴炎輝，《清代臺灣之鄉治》，頁 634。
〔註 19〕魏光奇，《官治與自治——二十世紀上半期的中國縣制》（北京：商務印書館，
　　　　2004 年），頁 23～27；黃立惠，〈清季臺灣吏役之研究〉，國立臺灣師範大學
　　　　歷史研究所碩士論文，1999 年，頁 15～16。

在這些人員之中，實際與地方人民頻有接觸的是來自衙門的差役，以及長駐於街庄之中的差役——地保，這兩種人物在清代臺灣成為聯繫起官民之間的行政運作之一；而地保更是在十九世紀街庄總理出現前為國家與地方的主要中介。下文即探討差役與地保的職能與如何執行公務。

### 1. 差役組織

清代臺灣的廳縣幅員遼闊，除了縣城之外，境內許多村庄皆僻遠分離，因此官府在推動政令、徵收賦稅，以及徵調人民提供力役等，皆須驅使差役來聯繫各個地方。〔註20〕這些差役中，以皂隸與快班特別重要。以淡水廳為例，其皂快與快役，各分三班，共有六班，六班各有頭役，皂三班與快三班又各有一名總頭役，來統領幫夥，這樣的編制稱為「二總六班」。在淡水廳則分為「上三班」與「下三班」，分別是指淡北與淡南的各三班。這六班各有負責地區，稱之為「對保」，各對保的差役，稱為「對保役」或「對保差」，並且輪值管轄（見表 1-2）。〔註21〕皂快六班的差役必須負責所屬「對保」內的一切差務、公事負起全責，其差務如徵收錢糧、契稅、傳議官諭及告示、傳訊、調處糾紛，以及像是巡查、捕犯等治安層面的維護。〔註22〕所以在發生刑案、民事官司和其他事務時，各該管的對保役就必須負責衙門與街庄的上下溝通。艾馬克（Mark A. Allee）認為這種派駐於保的作法，可以讓差役熟捻地方形勢，並可以與該保人民建立起共利互賴的工作關係及聯繫。〔註23〕

根據《新竹縣制度考》的記載，新竹縣正式編制下的皂隸、馬快，分制十六名，共三十二名。〔註24〕不過，在正式體制下，這些「正身衙役」尚會私帶所謂的「白役」（幫夥），〔註25〕來助其威勢，魚肉鄉民。因此在清代，國家是禁止衙役私帶「白役」。〔註26〕許多研究指出實心奉公的差役並不多見，這主要的原因是來自官府給予的經濟待遇。原則上中國各地主力的

---

〔註20〕瞿同祖著、范忠信等譯，《清代地方政府》，頁95。

〔註21〕除此之外，若該管地區有番社，仍由該班管轄，其差役則稱之「對社差」；該管地區有港，其差役稱為「對港役」。戴炎輝，《清代臺灣之鄉治》，頁650～651。

〔註22〕戴炎輝，《清代臺灣之鄉治》，頁655～658。

〔註23〕Mark A. Allee, *Law and Local Society in Late lmperial China: Northern Taiwan in the Nineteenth Century*, pp. 191-193.

〔註24〕不著撰人，《新竹縣制度考》，頁3～4。

〔註25〕戴炎輝，《清代臺灣之鄉治》，頁649。

〔註26〕臺灣銀行經濟研究室編輯，《福建省例》，下冊（臺北：大通書局，1987年），頁850～851。

差役以 6 兩爲基準，再看其工作內容來作增減浮動。〔註 27〕而新竹縣的差役薪俸爲 6 兩 3 錢，這樣的薪俸已略高於其他地區，但艾馬克以日本殖民統治時期臺灣每人米食消費來測算，推論這樣的薪俸，在十九世紀中葉以前，一名差役的基本收入只夠二人糊口，到了同治年間就只能讓自己溫飽。〔註 28〕因此差役在下鄉替官府執行各種命令時，便藉機向地方人民需索貪瀆，或者是收賄串通，於是常有誤公的狀況發生。雖然如此，但他們在地方的權勢卻相當地大，從《福建通志臺灣府》的描述可見一斑，其載：「臺中胥役，比內地更熾。一名皂快，數十幫丁，一票之差，索錢六、七十貫或百餘貫不等。吏胥權勢，甚於鄉紳，皂快烜赫，甚於風憲，由來久矣。」〔註 29〕清末吳子光就針對該現象說：「臺地差役之貴，過於縉紳」。〔註 30〕

**表 1-2　清代淡水廳署衙門的輪值表和管轄地區**

| 役　　班 | 每月當值日期 | 負　責　管　轄　地　區（對　保） |
|---|---|---|
| 一皂班 | 01～05 | 竹北一保、竹北二保 |
| 一快班 | 06～10 | 竹南一保、竹南二保 |
| 二皂班 | 11～15 | 興直保、八里坌保、芝蘭保、金雞貂保 |
| 二快班 | 16～20 | 大加蚋保、拳山保、石碇保、擺接保 |
| 三皂班 | 21～25 | 竹南三保、竹南四保 |
| 三快班 | 26～30 | 桃澗保、海山保 |

資料來源：施添福，〈國家、里保與地域社會：以清代臺灣北部的官治與鄉治爲中心〉，頁 45。

### 2. 地保制度

如前所述，官府在廳縣下劃分的里保區域時就已設立地保，〔註 31〕用以與衙門的皂快班進行聯繫，並在需要以支援、協助下鄉的差役，平時則傳達官命與巡查捕犯等。地保與對保差役一樣有專責的區域，大致上每保都設有

---

〔註 27〕周保明，《清代地方吏役制度研究》，頁 248。
〔註 28〕Mark A. Allee, *Law and Local Society in Late lmperial China: Northern Taiwan in the Nineteenth Century*, pp. 193-195.
〔註 29〕臺灣銀行經濟研究室編，《福建通志臺灣府》，頁 217。
〔註 30〕吳子光，《臺灣記事》，臺灣文獻叢刊第 60 種（臺北：臺灣銀行經濟研究室，1959 年），頁 75。
〔註 31〕地保在城市稱爲坊保，在地方則稱鄉保，地保爲其總稱。臺灣守備混成第一旅團司令部編，《臺灣史料》（臺北：成文出版社，1985 年），頁 89。

一名地保。然其數量的設置也會隨著人民開墾建庄而隨後增加，例如雍正年新設的淡水廳只劃分了竹塹保與淡水保，當時設了兩個地保，一個是在新竹城的南門外管理東南地方；一個是在北門外，管理西北地方。〔註32〕後來隨著土地開發與人口的增加，管理的轄區也更加的析分，到了後來官府也在保的層級添設鄉長，〔註33〕如同治十一年（1872）淡水廳竹南二、三、四保都有一名保長與鄉長（皆為地保別稱）。〔註34〕此外，地保都是本地人所充任，其程序得先得到對保頭役與紳耆等人的推薦與擔保，再附上被舉人的任充結狀與推薦人的保結狀，呈稟於官府後由官驗充，適合者則給予戳記，有時又於轄區內立牌告知於庄民，而地保無任期之限制，但在擔任期間者若有犯罪行為或玩誤公事之舉，則斥革懲處。〔註35〕

地保的職責方面，《皇朝文獻通考》記載：

> 地方一役最重，凡一州縣分地若干，一地方管村庄若干。其管內稅糧完欠、田宅爭辯、詞訟曲直、盜賊生發、命案審理，一切皆與有責。遇有差役，所需器物，責令催辦；所用人夫，責令攝管。稍有違誤，扑責立加。終歲奔走，少有暇時。〔註36〕

而日人調查紀錄則有：1. 地方人士稟請鄉賢、名宦、節孝等入祀時，予以查覆；2. 官吏候選、候補，生員赴考之身家查報；3. 查報不善之徒；4. 協助皂快捕拏案犯；5. 看管未決囚、驗傷、驗屍報告；6. 協辦街庄總理事務，尤其是保甲聯庄、冬防、團練等事；7. 田園及賦役之查報等。〔註37〕可見地保在轄區內所承擔的公務相當沉重，不過，雖然地保看似負擔起許多職責，但是由於需為衙門服差役的關係，以及擔任地保的人並非是地方耆老或者是略有身家的人，因此社會地位非常地低落。〔註38〕於是乎地保在地方上缺乏

---

〔註32〕波越重之，《新竹廳志》，頁107。

〔註33〕戴炎輝認為保長的轄區比鄉長重要，而兩者之間似乎不存在統屬關係。戴炎輝，《清代臺灣之鄉治》，頁668。

〔註34〕淡新檔案校註出版編輯委員會，《淡新檔案（三）》（臺北：國立臺灣大學圖書館，1995年），編號12213.4（同治十一年五月初四日），頁148～149。

〔註35〕戴炎輝，《清代臺灣之鄉治》，頁669～670。

〔註36〕《皇朝文獻通考》，頁5045。

〔註37〕波越重之，《新竹廳志》，頁109。

〔註38〕雖然地保與差役的社會地位十分低微，不過在清代晚期確已有不同面貌，比如他們能協同其他職員、紳衿與耆老等人保舉或連署斥革總理、墾戶、隘首等鄉職。此外，施添福的研究也指出在淡水廳的差役持票乘簥下鄉者，比比

足夠的號召力以進行公事的辦理，尤其是那些需要較高的社經地位才能推動的事務，比如像是號召地方修橋、舖路、建倉等公共建設；或者在地方陷入動亂時組織鄉民，以守土禦賊，以及基本的防盜職能，皆力有未逮。〔註39〕在經濟待遇方面，地保並不支領官府的薪俸，除了在捕獲盜賊而有功勞時，地方官會給予獎金外，其酬勞大多來自調處與執行公事中，從中得到規費與接受人民的饋送。而有些貪婪的地保，則利用其權責，包庇賭棍、私宰牛隻等官府嚴禁之事中收取陋規。〔註40〕可見清政府在統治初期主要藉由差役與地保來維護治安，不過從之後陸續發生的動亂來看，地保的成效仍十分有限。

## 二、保甲制度

　　總理作為十九世紀官府倚重的鄉職人員，其因並非偶然，而是來自閩省上級官員所構思籌議而實行的。這些官員最初設立總董（總理、董事）的目的，即是責成約束街庄內的人民，這意味著官府並未能透過保甲制度控制基層社會，致使官員以總理為首的鄉治系統來維護基層治安。因此，在探討總理之前，則需要探討臺灣納入清政府版圖時，如何施行保甲制度來維護地方治安與成效，並且因應移墾性質濃厚的臺灣社會，提出適合的解決之道。

　　臺灣自清領以來，其治臺政策主要關注是如何讓臺灣治安穩定，不再出現如同鄭氏王朝的反抗勢力，危及大陸沿海的安全。因此清政府透過渡臺給照、禁止攜眷、班兵制度，與族群隔離等政策，來過濾、監控移民，維護臺灣社會的安定。〔註41〕然而無照偷渡來臺者卻日漸眾多，其中不乏閩粵流寓者，雖然加速臺灣的土地開墾，卻也越來越難以控馭漢人，尤其是那些習性不良的偷渡者，更成為臺灣官員治理地方所擔憂的對象。

---

　　　　皆是，而其子孫能入學為廩生，或是報捐官職成為職員，皆與大清律例的規
　　　　定，大異其趣。這樣的現象也許是邊區的特例，還是清代地方官對衙役在地
　　　　方上的治理有了更深切的體會，而願意給予更多的機會，以提升他們的地方
　　　　社會。施添福，〈國家、里保與地域社會：以清代臺灣北部的官治與鄉治為中
　　　　心〉，頁41～42。
〔註39〕施添福，〈國家、里保與地域社會：以清代臺灣北部的官治與鄉治為中心〉，
　　　　頁15。
〔註40〕戴炎輝，《清代臺灣之鄉治》，頁675；施添福，〈國家、里保與地域社會：以
　　　　清代臺灣北部的官治與鄉治為中心〉，頁41～42。
〔註41〕李文良，〈清初入籍法規之政治過程及其歷史意義〉，《臺大文史哲學報》，期
　　　　67（2007年11月），頁108。

　　清朝入關以來是採用保甲制度作為地方基層組織，大致採取三級制，十家為一牌，設牌頭；十牌為一甲，設甲長；十甲為一保，設保正。藉以保甲制度稽查人口，負責舉發盜賊、奸宄舉發，協助官府維持地方治安。〔註42〕因此清政府將臺灣收入版圖不久後，便在基層社會實施保甲制度來掌握人民動向。而臺地保甲制度的實施狀況，據高拱乾《臺灣府志》所載的〈保甲〉來看，是以二級制（十家為一甲、十甲為一保，有保長以領之）的方式編排保甲。

　　然而臺灣要落實保甲制度卻相當不易，諸羅縣令季麒光即認為臺地「荒村僻野，炊煙星散，或一兩家、四五家，皆倚深篁叢竹而居，非如內地比盧接舍，互相糾結。查此則徙彼，查彼則避此，此保甲之法，可行於街市，而不可行於村落者」〔註43〕此外，由於臺灣處於海外新地，不斷吸引內地人民來臺開墾，然而私下偷渡臺者日眾，因此無票可入籍；而有照來臺者則畏懼當差納賦，不願到縣府照票入籍。〔註44〕造成官府無籍可稽，因此自然無法掌握臺地人口，保甲的毫無成效可見一斑。

　　於是雍正朝對此加強改良，在雍正四年（1726）推行保甲的同時，實施族正制：「凡有堡子，村庄聚族滿百人以上，保甲不能遍查者，□〔愼〕選族中人品剛方，素為闔族敬憚之人，立為族正。如有匪類，報官究治，徇情隱匿者與保甲一體治罪」〔註45〕雍正六年（1728）巡臺御史赫碩色、夏之芳認為臺灣雖有保甲門牌，但卻難以稽查匪徒，其原因仍是「在城者少，散處者多；成家者少，單丁、獨漢者多」，遂提議城內保甲仍可按籍編查，而各庄保甲則責成業主以及其下的管事，以管事充當各庄保甲之首，來稽查前來投僱的游民，如果有犯事者，則連坐管事、業主。〔註46〕乾隆二十年（1755），福

---

〔註42〕 施志汶，〈清康雍乾三朝的治臺政策〉，頁83、87。

〔註43〕 陳文達，《臺灣縣志》，頁232。

〔註44〕 陳璸，〈申禁臺地應禁諸弊示〉，《清經世文編選錄》，頁66。

〔註45〕 《清朝文獻通考》，卷23，〈職役三〉：清戶部則例規定：「凡聚族而居，丁口眾多者，准擇族內有品望者一人，立為族長。該族良莠，責令察舉。」見承啟等纂，《欽定戶部則例》，卷三，保甲（臺北：成文出版，1968年，同治四年校刊本重印），頁267；又淡新檔案有一例可說明清代臺灣族長之責：「凡族中一切事務，務須妥為處裡，有口角細故，即排解息事。至族中人等，倘有不安本分，為歹作匪，務即隨時稟究，毋稍偏徇，致干究革。」淡新檔案校註出版編輯委員會，《淡新檔案（三）》，編號12211.6（同治九年十一月七日），頁139。

〔註46〕 國立故宮博物院，《宮中檔雍正朝奏摺（十一）》（臺北：國立故宮博物院，1977

建巡撫鍾音重申保甲之重要，並將流寓者交由保長收管，如果能在臺立業安身者，將讓他們能另外編戶，納入保甲。其建議：

> 若非力行保甲，實無良法。伏查保甲之例，十家爲排，十排爲甲，十甲爲保，設立保長攝管其事……單身赤漢平時四散傭趁，來往不常，既無房業可附編，又無戚屬堪以依倚，則當詢其年歲、籍貫附入各保正冊之後，交與保長收管。果能立業另爲編戶，倘有生事爲非，立即押逐過水，遞交原籍印官安插。〔註47〕

然而，在乾隆四十七年（1782）八月，臺灣彰化、諸羅二縣的械鬥事件，突顯清政府仍然無法透過保甲制度維持基層治安。這起嚴重的漳泉械鬥，二縣地方官無法遏止械鬥的蔓延，直至福建巡府雅德責成水師提督黃仕簡與臺灣道楊廷樺帶兵來臺查辦，〔註48〕才讓動亂獲得控制。其中楊廷樺會同黃仕簡拏械鬥匪徒過程中，被賦予整飭械鬥的重責大任，也因此實力處理查辦整頓。〔註49〕楊廷樺認爲匪徒難以緝捕，由於臺灣「茂林僻徑，尤慮藏奸，訪聞歷年多有無籍之徒，潛蹤搶竊，犯鮮弋獲，此皆保甲不清，戶口混淆之故」。於是在同年九月針對上述保甲之弊端，提出看法與解決措施：

> 就郡城飭府督縣，首行十家環結之法，並設街長，輪流稽察，修固木柵，按戶支更，並會營撥兵協役，分地巡查，用昭嚴密。其餘各庄在聚族而居者，則愼選族正；異姓雜居者，則愼選庄長，優以禮貌，定以賞罰。凡舊住在庄竊匪，悉令查其犯案，報官究逐，如有容隱，事發到官，並坐族正、庄長查逐不力之罪，俾知責有攸歸，以期賊蹤漸除。〔註50〕

翌年，在平定械鬥後，閩浙總督富勒渾與福建巡撫雅德、黃仕簡三人上奏善後事宜，〔註51〕將楊廷樺的作法進一步具體擬定，在地方設置立庄、族長來發揮約束管理庄、族的方法，並且制定獎懲辦法，藉使擔任該責者，實力奉

---

　　年），頁 123～126。

〔註47〕鍾音，〈請編查保甲以防偷渡以靖海疆〉，《宮中檔乾隆朝奏摺》，輯 22，頁 479。

〔註48〕張本政，《清實錄臺灣史資料專輯》（福建：福建人民出版社，1993 年），頁 267～268。

〔註49〕雅德，〈爲嚴飭楊廷樺實力整頓臺灣地方事〉，《軍機處檔摺件》，臺北：故宮博物院藏，文獻編號：034518。

〔註50〕楊廷樺，〈爲陳明臺灣地方情形事〉，《軍機處檔摺件》，文獻編號：034842。

〔註51〕這起平定械鬥的上級官員，主要是由閩浙總督富勒渾、福建巡撫雅德、福建水師提督黃仕簡，傳諭臺灣鎮總兵孫猛、按察使銜臺灣道楊廷樺所負責。

公以達稽查匪徒等成效。其奏摺如下：

> 慎選庄長、族正，以昭激勸也……假使約束有人，隨時首報，予以
> 懲創，奚至釀成巨禍。查各鄉雖有庄長充斥，率非端人，庄民聚族
> 而居，族正向多未設。現飭各該縣諭令各庄慎選年高德劭，素為閭
> 里悅服者，保充庄長、族正，印官給以牌戳，優加賞勞，一切差徭，
> 概禁擾累，使之朝夕勸導，嚴加約束，化其畛域之見，俾成敬讓之
> 風。遇有強梁不遵或私相煽誘，立即密稟究懲。定限三年，詳加甄
> 別。如果庄族並無搆鬥滋事，詳請給區嘉獎；倘有庸懦無能及偏徇
> 滋事，追取牌戳，分別責革……。〔註52〕

奏文所提慎選庄族長一事，可說是地方稽查的重要轉變。官員深知臺灣多無
籍之徒，因此以籍為本的保甲制度難以發揮效能。此外，在乾隆年間，福建
全省因械鬥問題而大力推行的族正制，〔註53〕可見也未在臺灣真正落實。因
此上級官員再次嚴令地方官於各庄慎選年高望重之人來擔任庄、族長，藉由
他們的耳目，來進行庄、族內的稽查弭盜，藉此化解族群間的紛擾，並且給
予牌戳、免其差徭等特權獎賞，逐步增強地方基層控制。而這樣的措施，無
非是針對臺灣保甲的侷限而設計的，進而以此達到強化地方基層治安的目的。

# 第三節　總理制的推行

　　臺灣自乾隆年間已大致開發完畢，至嘉慶、道光以後，西海岸的丘陵地
區也都開闢殆盡，而內山地區的開墾又阻於生番，因此開墾進展一直相當緩
慢。如第一節所述，嚴重的分類械鬥，成為十九世紀臺灣最為顯著的社會問
題。〔註54〕因此清嘉慶年間以來臺灣日益險峻的械鬥、抗官動亂等各種社會
問題，成為清朝官員必須正視面對的嚴重現象。不過從許多動亂的過程中已
突顯出臺灣地方官員面對動亂時疲於防範，又無法及時鎮壓下的窘迫狀況
下，於是奉命來臺巡察的福建大員開始謀思解決之道。

---

〔註52〕 富勒渾等，〈為酌定臺灣漳泉匪民互相焚殺善後事宜事〉，《軍機處檔摺件》，
　　　　文獻編號：034994。

〔註53〕 乾隆二十年（1757）則將其納入保甲條例，為「聚族而居、丁口眾多者，擇
　　　　族中有品望一人，立為族正，該族良莠，責令查舉」。光緒《大清會典事例》，
　　　　卷158，〈戶都　戶口　保甲〉。

〔註54〕 姚瑩，〈埔里社紀略〉，《東槎紀略》（臺北：臺灣經濟研究室，1957 年），頁
　　　　97。

　　福建大員的巡臺制度，是由於清朝政府在乾隆末年的林爽文事件平定後，停止運行六十餘年的巡臺御史制度（康熙六十年至乾隆五十二年，1721～1787），改以每年輪派福州將軍、閩浙總督、福建巡撫、水師提督、陸路提督一人往臺灣巡查。這些福建上級官員主要條陳臺灣地方事宜，以及針對地方動亂或是臺灣存在的弊端提出自己的見解，進而擬出巡臺情形與善後之策，專摺向皇帝上奏。〔註55〕尤其是因事巡臺的福建官員所針對臺灣刻不容緩的問題而提出的善後政策，更獲得朝廷重視，因此大多得以落實。所以論者認爲乾隆朝以後清朝政府的治臺政策的制定與調整，大多是經由來臺巡察的福建上級官員完成。〔註56〕

　　嘉慶年間，官府除了在地方設立原本的地保外，又另外設置總董一職，用以協助地保稽查地方，〔註57〕並且在蔡牽事件中負起拿緝逃匪的任務。〔註58〕而總董也在日後逐漸成爲協助官府地方治理的重要人員。

　　在道光年間的多次動亂後，福建大員有別以往的設計出新的基層防衛形式，他們運用原本在里保區域下所設置以總理爲首，董事爲輔以及街庄正等鄉治人員，構成更爲密集的基層管理，以藉此維持地方秩序，並協助、服務地方官府的各種命令與需求。因此在福建大員的命令下總理開始被地方官員重視，並廣泛地設置推行，同時也因應社會需要而賦予更多的權責。

　　關於以總理爲鄉治之首的制度形成經過，我們可以透過這些官員的奏摺，逐漸得到了解。官府最初設置總董的目的，可經由嘉慶十三年（1808）噶瑪蘭收入版圖時的奏議來觀察，閩浙總督汪志伊、福建巡撫張師誠在〈雙銜會奏〉建議：

> 編查保甲，設立族正，以資稽查約束也。查噶瑪蘭遠在界外，其地耕種之漳、泉、粵民人，有家室者固多，而無籍游民及犯罪逃匪者亦復不少。今既收入版圖，設官治理，必須正本清源，編查保甲，以杜匪徒淵藪。據該鎮、道、府議請設官之後，責成印官按照保甲

〔註55〕許雪姬，《北京的辮子——清代臺灣的官僚體系》（臺北：自立晚報，1993年），頁82～83。
〔註56〕尹全海，《清代渡海巡臺制度研究》（北京：九州出版社，2007年），頁119。
〔註57〕何培夫主編，《臺灣地區現存碑碣圖誌　高雄市・高雄縣篇》（臺北：國立中央圖書館臺灣分館，1995年），頁67。
〔註58〕全國圖書館文獻縮微複製中心，《剿平蔡牽奏稿（四）》（北京：全國圖書館文獻縮微複製中心，2004年），頁1537～1546、1547～1560。

> 村庄，實力編查，造具煙户清冊送查。其單身耕種及雇工、店夥等
> 人，即附入田主、店主户下，責令地保約束，倘有犯罪變名潛跡者，
> 即令該管頭人指報。仍於各鄉舉設誠實總董，協同地保稽查，一家
> 有犯，十家連坐，庶匪徒無從托足。〔註59〕

由上可知，臺灣至嘉慶年間地方已設有族長（亦有庄長）、地保、總董（總
理、董事）稽查村庄，共同維護地方治安。不過用總董等人約束庄民防止械
鬥的方式，卻也出現弊端，連地方官都難以控制，甚至有隔絕國家與村庄社
會聯繫的傾向。如嘉慶十五年（1810）方維甸的〈遵旨酌籌約束械鬥章程〉
就奏言總董之弊病：

> 臺灣遠隔重洋，漳、泉、粵三處民人在彼錯處，各分氣類，動滋事
> 端，必須約束嚴明，經籌久遠。前經節降諭旨，諄飭方維甸到彼熟
> 悉籌辦理，茲據該督體察南北兩路情形，酌議奏聞。內如總董一項，
> 向在各村庄包庇抗違，甚至地方官號令不行，諸多掣肘，而隸役等
> 亦擅自分保，互相黨護，不服拘傳，最為該處惡習，自應亟行革除。
> 〔註60〕

雖然官員認為有些總董與衙役勾結黨護，並且不服官命、另有所圖。不
過仍然為官府所用，尤其到了道光初年社會動亂更加頻繁之時，總董更得到
崛起的管道，而其原因乃是官府在善後動亂後所竭力推行清庄之法，使總董
獲得責成重用。道光五年（1825）閩浙總督趙慎畛等奏請在臺灣執行清庄之
法，用以稽查游民：

> 竊照臺灣孤懸海外，民無土著，俗本輕浮，素有內地游民偷越私渡。
> 此等游手好閒之人，既無藝業可守，又無田地可耕，且懶惰性成，
> 即傭工作力亦復不耐辛勞，非匿跡于賭場，即潛蹤于鼠竊，異鄉飄
> 泊，無可稽查，恐漸聚漸多、成群結黨，當地方無事之時肆行劫搶，
> 為害閭閻。而臺郡率屬漳、泉民人素尚忿爭，一遇雀角微嫌，該游
> 民等即乘機附和，助勢逞兇，小則繳〔釀〕成械鬥，大則謀為不軌。
> 〔註61〕

---

〔註59〕 柯培元，《噶瑪蘭志略》（南投：臺灣省文獻委員會，1961 年），頁 142～143。
〔註60〕 方維甸，〈遵旨酌籌約束械鬥章程〉，張本政主編，《清實錄臺灣史資料專輯》，
頁 721。
〔註61〕 趙慎畛，〈為查辦臺灣清庄緝私各事宜恭摺奏聞仰祈聖鑒事〉，洪安全主編，
《清宮奏摺檔臺灣史料》（臺北：國立故宮博物院，2001 年），頁 238～245。

趙慎畛體認到臺灣游民問題的嚴重性，而將游民編入保甲更非易事，因此他運用先前在中國延平、建寧的聯甲捕匪經驗，在保甲制度外做變通辦理，以聯甲的方式作爲地方稽查捕盜之法，他認爲「清庄亦與聯甲相仿」，「欲查逐游民，莫善于清庄一法，其事較編查保甲尤爲簡而易行」主張以清庄來解決臺灣游民問題。趙氏的清庄之法爲：「……嗣後臺灣地方如有面生可疑、無親族相依者，該庄頭人立即稟報地方官，訊明籍貫，照例逐令過水刺字遞回原籍安插，毋許復行偷渡……如來歷不明及好勇鬥狠之徒，俱報明本管官，一律驅逐回籍」同時嚴厲告誡各廳縣官員必須認眞執行，亦即顧慮地方官虛應其事：「各該廳縣等如能實力稽查，押逐淨盡，該督等量予獎勵。其奉行不力，始勤終怠，著即撤回內地，或改補簡缺，或降補佐雜，分別示懲。儻陽奉陰違，立即嚴參」〔註62〕然而趙慎畛在此並未提到地方清庄該由誰來執行，只吩咐由地方頭人來視察庄內游民，各廳縣是否進行清庄無法得知，可能直至道光七年（1827）官員才如實執行，並責成總董來帶領街庄頭人來實行清庄之法。

在討論道光七年所實行的清庄之前，我們先觀察總董在道光六年（1826）的械鬥案中扮演何種角色，藉以從中了解總董在械鬥中的作爲。這起械鬥是由於李通夥同許神助等人竊走彰化縣東螺保睦宜庄黃文潤所養的豬隻，雙方人馬互相糾夥攻擊，而引發成蔓延一廳（淡水）、二縣（彰化、嘉義）的閩粵械鬥。在各地閩粵械鬥的過程，有些總董在械鬥發生時，竭力保護街庄不受侵害，如中壢一帶的粵人在總理彭阿輝的領導下，築起土牆防禦匪徒，並收容其他粵人來此避難；嘉義白沙坑各庄在士紳、總董等人的保護下，倖免於難；不過仍有陽奉陰違的總董自行糾眾出鬥，引起更大的械鬥。〔註63〕這起械鬥案件突顯總董在地方動亂時的重要性，上級官員希望能藉由這些地方頭人的幫助，在械鬥時能約束庄民，以及在械鬥後協助官府拏獲匪徒。奉命來臺查辦北路械鬥的水師提督許松年，就相當重視總董在地方社會的影響力，以「邀集總董勸令講和」的方式來節制械鬥的擴大。不過八月渡臺督剿的閩浙總督孫爾準，卻認爲許松年邀集總董勸令講和已「失體損威，辦理已屬錯

〔註62〕趙慎畛等，〈查辦臺灣清庄緝私事宜〉，張本政主編，《清實錄臺灣史資料專輯》，頁755。
〔註63〕金智，〈清代嘉慶、道光朝臺灣社會動亂的研究，1796～1850〉，國立成功大學歷史語言研究所，1994年，頁75。

謬」〔註64〕，因此上奏將許氏革職。

在孫爾準嚴厲剿匪下，北臺灣的械鬥獲得控制。孫爾準在查辦械鬥後上奏籌議善後事宜，其中奏文提及淡水廳中港一帶的總董除了沒有約束庄民外，更是引發械鬥的肇始者：

> 臺灣縣為郡城附郭，幅員甚狹，民氣最剽；鳳山縣土沃民稠，較臺
> 灣縣為難治；噶瑪蘭風氣初開，土曠人稀，民甚淳樸；其最難治者，
> 惟淡水、嘉義、彰化三處；淡水粵人素聽總董鈐束，本年械鬥實因
> 不肖總董斂錢派飯，主使庄眾出鬥滋事，以致被脅從，釀成鉅案，
> 今已將該總董劉萬盛、謝磬恩、溫杏柏等置之重典，嚴加懲創，各
> 庄咸知警惕。嗣後應令地方官按庄清查，慎選總董，加以禮貌，重
> 其責成，能約束子弟安分守業，積有歲時者，量予獎勵，如縱容滋
> 事，即嚴辦總董，不稍寬貸，其有雖無劣蹟，而不為輿情所服，亦
> 即革汰，另選妥人，以期得力。

孫爾準認為臺灣難治之因在於民氣難以教化馴服，雖然先前認為許松年太過倚重總董而失體損威，不過他也認為原先所設置的總董，的確得到約束庄民的目的，尤其是淡水廳粵人更是如此。因此命令地方官員需謹慎挑選總董，以禮對待，給予重責，並嚴格監督。奏摺後又提及嘉、彰二縣總董的情況，說明總董雖然畏懼匪徒報復，但能知悉村中匪類，比差役拏匪更為準確，只要地方官員能讓匪黨不向總董復仇，總董就能為官助理：

> 嘉義、彰化兩縣閩人多于粵人，各庄雖有總董約束，而人情素來渙
> 散，遇強暴者，總董尤畏其到案之仇報，及黨羽之報復，轉避其兇
> 燄，不敢送官儆治，但孰為匪類，總董無不周知，較之官訪差拏，
> 實為親切，自仍應責成總董縛送，不許容留。地方官果能令行禁止，
> 鋤暴庇良，使其不能誣報，不敢報復，則總董無所顧慮，應可助官
> 為理。〔註65〕

由此可見道光六年（1826）的械鬥案，對於臺灣基層統治是一個階段性

---

〔註64〕 許松年被革職之因有二，其奏摺載：「提督許松年未能痛加懲辦，乃邀集總董
勸令講和，失體損威，辦理已屬錯謬。又監提尚未定讞之凶犯吳溪等作線，
並身在行間，乘坐肩輿，何以率先將士。許松年著即革職，留臺交孫爾準差
遣，效力贖罪」。張本政主編，《清實錄臺灣史資料專輯》，頁768。
〔註65〕 孫爾準，〈為查辦械鬥完竣籌議善後事宜恭摺具奏仰祈聖鑒事〉，《軍機處檔摺
件》，文獻編號：058972。

的指標。官員逐漸明瞭總董在地方上所擁有的勢力，並且逐步構思如何讓總董能實力爲官服務，達到穩定地方治安的作用。翌年，官員更具體擬定獎賞表彰總董的方法，並且官諭幾項重要的稽匪任務，由總董來帶領庄正、族長等人員來執行。

道光七年（1827），孫爾準平定南路許尙、楊良斌所激起的械鬥後，奏令福建臺灣道孔昭虔，暫駐彰化、嘉義一帶。孔昭虔率臺灣數地的廳縣官員，嚴拏械鬥案後的逃匪，並且曉諭在地紳耆、總董，逐村逐戶的進行清庄，先後報獲多名匪盜。在收得如此成效後，孔昭虔向道光皇帝提出奏摺，認爲：「清庄一法，實爲善後□〔必〕要之圖」，開始籌議清庄章程，並且建立起道光時間臺灣地方街庄統治的方法，奏文提及：

> 臣乘此機會，即將臺、鳳二縣清庄聯守之益，大張曉諭，自去臘今
> 春，周歷彰化、嘉義、淡水等廳縣，以愼選總董爲首務，訪詢賢否
> 優劣，親加考察，有與匪人交結、素不安分者，從嚴革辦。其閩、
> 粵庄民，或聚族而居，或雜處一村，並令公舉族正、副或庄正、副
> 各一人，幫同總董，專司約束。

由上文可知，清政府日後盛行的清庄聯甲之防盜措施是先在臺灣縣、鳳山縣實行，並沿襲乾隆年間的方式，在宗族群聚之區推舉族正，無巨大宗族村庄則推舉庄正，並且廣泛地設置，用以幫同總董協助約束庄民。除此之外，官府選立總董的適任條件也有了初步的規範：「凡選總董，務於公正紳耆或殷實業戶中，擇其品行醇謹，平素眾情悅服之人」這樣的用意不外乎是擔憂到總董是否能否有效地統率各庄，爲官府服務。因爲其擔任總董者若其心不良，並且無法公正排解地方糾紛，並且可能引發衝突；另外，選用殷實業戶也在於佃戶向來受制於業戶的早期租佃制度下的權力結構。

在總董、庄族正、副選舉得人之後，即責令清庄。清庄的任務就由這些鄉職人員，將轄境各庄的游民份子送官：「所管庄內查有平日不安本分及隻身游手、無所倚靠之人，立即送官，力不能擒者，鳴眾縛獻，隨到隨訊，重者治以應得之，輕亦杖刺逐水，不准放回本庄，致啓挾仇報復之端」而在清庄之後，就必須防範其他匪徒入侵村庄，這樣的責任也落在這些鄉職人員身上：「即須守望相助，每夜或五家、或十家輪派壯丁一名，擊柝巡更，附近鄰庄彼此聯絡，倘賊自外至，齊出救應，互爲聲援，務期有犯必獲。自此次清查，若將來仍有宵小潛匿在地，惟該總董、庄族正、副是問」由此可知，

以總理、董事為首，並以族正、庄正來協助約束庄民，以及稽查不良份子，就此聯合維護地方社會的秩序，成為道光朝以來嚴密的鄉治系統。

值得注意的是，奏文也提到各地進行選舉總董清庄的狀況，如嘉義縣選舉總董已定，清庄結果頗為迅速。嘉義清庄約有十分之六；而淡水廳更有已達八分之多；彰化一縣則素稱匪藪，在總董遴選上，一時尚未盡得其人，因此孫爾準命令孔昭虔吩咐地方知縣趕緊查辦。於是除了先前臺灣、鳳山二縣已責成紳耆、總董做完清庄外，此時的淡水、彰化、嘉義三縣正如火如荼地由地方官府監督總理等進行清庄。此外，孔昭虔向道光皇帝請示明定賞罰總董的原則：

> 抑臣更有請者，立法宜垂久遠，用人貴得權衡，今總董既嚴以示罰，則遇有實在出力之人，亦應量加獎勵，以昭激勸。應請嗣後各屬總董，如所管村庄一年之內並無匪人出沒，或有事即能全數破獲，由地方官加以獎賞；二年、三年，由府、道以次賞給；四年無過，申請督、撫賞予匾額；五年無過，准予咨部酌量議敘。所有各總董辦理之虛實，及廳、縣督率之勤惰，每年責令道臣親歷巡查一次，如有奉行不力者，即分別革究撤參。似此明定勸懲，俾免日久因循，仍沿故習，以冀仰副聖主綏靖懸海巖疆、安益求安之至意。〔註66〕

孔昭虔對總董的重用與獎賞，開啟擔任總董的地方權勢人物得到崛起的機會，不同於孫爾準在道光六年（1826）所上奏的嘉勉方式（當時是以積有歲時者，量予獎勵），而是更為優渥的獎賞待遇。總董只要表現良好，除了能接觸地方官，更能得到總督、巡撫的褒獎，甚至最後能獲得軍功擠身於士紳階層。值得注意的是，孔昭虔特別提及「酌量議敘」，藉以控管總董濫得官府職銜，不過事實上卻難以確實做到。道光年間以降總董跟隨官府剿匪而獲得的軍功則大有人在，甚至有些廳、縣地方官「撫匪為總董、頭人，竟給與頂戴，以示優異。毫無緝捕實事，大開賞盜之風，益縱害民之虐」〔註67〕總之，孔昭虔的奏摺說明了總董職權的擴大，在械鬥嚴重的臺灣與鳳山二縣開始責成總董人等進行清庄聯守，並在事後將此治理方法擴張到淡水、彰化、嘉義三縣。可見臺灣數地爆發激烈的分類械鬥之後，清朝官員便開始重視總理的職

---

〔註66〕以上史料皆引自孔昭虔，〈為督屬籌辦清庄議立章程並查勘淡水城垣現在趕購工料定期興建情形恭摺奏祈聖鑒事〉，《軍機處檔摺件》，文獻編號：055408。

〔註67〕丁曰健，〈平臺藥言〉，《治臺必告錄（下）》（臺中：臺灣省文獻委員會，1997年），頁417。

能，並且有意扶持借重總理於地方社會的治理，藉以維持地方秩序的安定。

　　福建大員慎重其事的在地方街庄設立總董，也就必然需要成文的規章來確定制度的運行方式。然而從清朝的律例典章中，我們無法看見關於總董的規章條例。這樣的情形說明總董是對應臺灣特殊情形，所發展出來的非正式地方制度。雖然在律例典章中沒有記載總董的制度，不過，在道光二十年福建巡撫吳文鎔所上奏的〈通籌臺灣利弊八條〉中，其中有一則說明總董是由臺灣道通飭其下的府、廳、縣所舉辦。〔註68〕

　　由以上的討論可以知道臺灣自收入版圖以來，保甲制度難以落實於基層社會，這些原因來自保甲適合實行於聚落密集之處，以及有固定行業者（不輕易遷移）。但臺灣由於是移墾社會，在渡臺條件的限制下，使偷渡來臺開墾者、單身漢者眾多，加上沒有落籍的關係，海峽兩岸又不易管理，造成保甲的實行困難。而自嘉、道年間地方社會動亂日益嚴重，致使官府於里保區域設置總理、董事等鄉職來維持地方治安，而來自地方殷實之家的總理人等開始與官員接觸，並活躍於國家（官府）與地方（街庄）之間，成為十九世紀協助官員維護管理地方秩序不可或缺的重要人物。

---

〔註68〕吳文鎔等，〈奏為遵旨議覆通籌臺灣利弊八條疏略〉，《文節府君年譜》，頁225。

# 第二章 總理制的內涵

　　臺灣直至乾隆末年，縣一級以下以官方為主的地方治理，仍是倚靠各里保下的地保來負責轄區內的治安與基層政務。不過在十八世紀末以來，地方動亂已頻繁騷動，里保內的地保人員，並無法有效維持地方秩序，尤其是來自不同族群之間的衝突與各種動亂時的防禦。時至嘉慶年間，官府開始在各里保下設置總理、董事來鞏固社會秩序。道光年間更以村民自然生活與歷史背景所形成的數個村庄共同組成聯庄組織，而總理成為領導聯庄的主要人物，負責聯庄組織內的治安與基層行政。本章首先探討官府設置總理的目的，其次將討論總理制度的相關規範，如其選任方式、任期等，最後則觀察總理的社會地位，希望藉由本章的討論能說明清代臺灣總理制的歷史意義。

## 第一節　總理的設置與職權

### 一、總理設置的目的

　　清代臺灣社會中，非常普遍使用「總理」名稱，依其性質可分為三類：一種是屬於村廟系統的總理，用來管理廟方事務，不過有些地方的街庄總理也會同時擔任村廟之總理；另一種是地方臨時有事或需從事公共措施，一時所推舉出來的負責人或督導人，比如在淡水廳築城時就有地方士紳擔任「城工總理」；最後一種則是清政府於里保區域下所設置來協助政務的街庄總理。〔註1〕

---

〔註1〕　蔡淵洯，〈清代臺灣社會領導階層的組成〉，《史聯雜誌》，期2（1983年1月），

　　臺灣「總理」的出現，據連橫所著的《臺灣通史》，在鄭氏時期即已設置。
其述，位於城內的坊是設置簽首來管理民事，而城外則置總理將里甲所記錄、
調查的戶籍之事彙報於官府，這顯示總理的職權與戶籍是有關聯的，並且有
統領保甲事務的意味。《臺灣通史》載：

> 經立，委政勇衛陳永華，改東都爲東寧，分都中爲四坊，曰東安、
> 曰西定、曰寧南、曰鎮北。坊置簽首，理民事。制鄙爲三十四里，
> 置總理，里有社。十戶爲牌，牌有長；十牌爲甲，甲有首；十甲爲
> 保，保有長，理戶籍之事。凡人民之遷徙、職業、婚嫁、生死，均
> 報於總理。仲春之月，總理再彙報於官。〔註2〕

不過在臺灣入清版圖後，臺南（舊臺灣）府，仍沿襲鄭氏若干制度，如其府
下依舊分四坊，但不見其沿襲總理；戴炎輝對此記載，也甚感懷疑。此外，
有論者亦認爲《同安縣志》中有「簽首」之設，但並無設置「總理」。〔註3〕
簡言之，鄭氏時期所設置的總理，當時在中國並未曾以此名設置於鄉里，連
氏文中所提的總理，可能是受清代臺灣總理制的影響而記載，所以鄭氏時期
應當沒有設置總理處理民事之用。

　　清代臺灣明確的總理記錄來自乾隆年間的地方碑記。乾隆三十六年
（1771）總理戴天祿與數位董事爲首，立碑歌頌捐其廉俸建造堤防的臺灣道
蔣允焄；又如乾隆三十九年（1774）的〈新建上帝廟祠祀碑記〉等碑記。戴
炎輝認爲此時的總理、董事，並非是街庄常置的鄉職，而是臨時工程的主宰
者（總理）及輔助者（董事）。〔註4〕也就是說，依其性質在乾隆年間所出現
的總理可能是屬於村廟組織與臨時工程所設置。另外，在乾隆五十一年（1786）
的林爽文事件，高屏地區的六堆義民所推出來統領各堆的領袖也稱爲「總
理」。〔註5〕但從其成立過程與執行的任務來看，六堆最初所設立的總理爲民
間自發性行爲，非由官府設置，所以並非屬於鄉治系統的總理，不過六堆地
區以設「堆」堵禦賊匪，卻類似日後聯庄之型態。

　　嘉慶初年可以看出街庄總理已明顯設立，目前最早的一份史料是在嘉慶

　　　　頁 28；邱玟慧，〈清代閩臺地區保甲制度之研究（1708～1895）〉，頁 217。
〔註2〕 連橫，《臺灣通史》（臺北：幼獅文化，1977 年），頁 433。
〔註3〕 邱玟慧，〈清代閩臺地區保甲制度之研究（1708～1895）〉，頁 153。
〔註4〕 戴炎輝，《清代臺灣之鄉治》，頁 13。
〔註5〕 常青，〈常青奏親統官兵前赴諸羅摺〉，《天地會（三）》（北京：中國人民大學，
　　　　1980 年），頁 317～320。

二年（1797），爲嘉義縣總理董事與生員耆老呈請嘉義知縣准給勒碑定界示禁，〔註6〕由此可知總理的設置最晚在嘉慶二年。〔註7〕其它尚有一些文獻說明總董負責地方的捕盜稽匪任務，因此我們可以推測設立總理最初目的即是用以維護地方治安。於是在嘉慶年間縣以下的里保除了設有地保稽良弭盜外，地方街庄也設置總理負責與地保做著類似的職務。這樣的改變可能是官府因應臺灣土地開墾迅速與人口遽增，研究指出清領臺灣之初，漢人約有 12 萬人，到了嘉慶十六年（1811）編查戶口時，人口已有 194 萬多人，其中在乾隆後期與嘉慶年間增長最快，〔註8〕因此就人口而言，確實有設立總理等鄉職以彌補單薄的基層行政組織的必要。施添福則認爲由於地保的社會地位一向低微，在平時的地方公事與臨時的社會動亂時皆力所不及，於是官府鼓勵民間設置總理等鄉職，以彌補地保功能之不及與分攤地方公事的辦理。〔註9〕然而由於史料侷限難以得知官府最初立意，但到了道光年間總理逐漸被官員倚重，於是一些文獻較爲清楚說明設立總理之目的，其史料列舉如下：

（一）北路理番同知陳盛韶，（道光十三至十四年，1833～1834）
〈分類械鬥〉

　　惟地方官平日於交界處，著閩粵人各選有家產、有才幹、有聲望之總理。遇兩有釁，即出爲理處。倘已成訟端，即爲酌情度勢，分斷平允，彼此服輸。如已成分類，即迅速會營彈壓。小者，嚴諭各總理頭家調和解散。大者，一面禦之以兵，使匪人畏威而不敢肆；一面嚴辦總理頭家，治以徇縱之罪，使約束匪人，畏法而不敢亂，則遏其流之道也。〔註10〕

（二）山西道監察御史杜彥士，（道光十八年，1838）〈通籌臺灣利弊以靖海疆疏〉

　　臺屬各廳縣，每保每里，設有總理董事，以衿耆者爲之，官給戳記，

〔註6〕 何培夫主編，《臺灣地區現存碑碣圖誌臺南市（下）》（臺北：國立中央圖書館臺灣分館，1992 年），頁 420。
〔註7〕 日人編纂的新竹廳志也記載：「嘉慶年代淡水同知設置各庄總理、董事、庄正、庄副，交給總理札諭、戳記，以約束庄民」。波越重之，《新竹廳志》，頁 111～112。
〔註8〕 陳孔立，《清代臺灣移民社會研究》，頁 100。
〔註9〕 施添福，〈國家、里保與地域社會：以清代臺灣北部的官治與鄉治爲中心〉，頁 15。
〔註10〕 陳盛韶，〈分類械鬥〉，《問俗錄》，頁 88～89。

蓋倣保甲之遺法，而重其任於衿者，里居熟則聲息易通，責任專則
訪查倍力，所以稽察奸宄，助地方官耳目所不及……。〔註11〕

## （三）臺灣道姚瑩，（道光十八年左右）〈諭嘉、彰二縣總理董事〉

臺灣地方生齒日繁，人多無業，又有内地客民偷渡，始聽人言以為樂
土，及乎到地乃知不若所聞，流蕩無歸，因相聚而為匪。本地無業之
不肖子弟，復被其誘惑，遂相習而為盜賊。甚至黨羽漸多，遂有不逞
之徒，妄思嘯聚，謀為不軌。大兵一至，旋即破滅，身受極刑。在滋
事之匪徒，罪所當得，原無足惜。而地方村庄遭其蹂躪，不保身家，
地方日形凋敝，豈不寒心？是以定制設立重兵、申嚴法令之外，特有
總理董事之設，俾董率各庄，稽查匪類。無事則守望相助，逐捕盜賊；
有事則率領庄丁保護村庄，隨同官兵討賊立功……。〔註12〕

又（道光十九年四月，1839）〈與湯海秋書〉：

一縣千數百庄，庄有董事十數，董事舉一總理，理之、董之，能無
械鬥者有賞，鬥者有罰……。〔註13〕

可見當時官府是藉由總理為地方耳目，主要職能以弭盜防奸、捕盜稽匪，並
且有防範地方分類械鬥的目的存在。

## 二、總理的職權

概要而言，總理的職務即是負責轄區内之秩序與公共建設，以及配合國
家執行官府所下達之命令。戴炎輝據《淡新檔案》與其他資料，綜述總理職
務有自治職務性質：約束庄民、維持秩序、調處糾紛、巡防（尤其冬防）及
興修公共設施（建廟、造橋、築路）；官治職務性質：編造保甲及戶口、捕犯
解案、稟報命盜等重案、設隘防番、清庄聯甲、團練壯丁及清賦等。〔註14〕
另據日人紀錄，總理向需率領民人接應、送迎上官，以及傳達官府命令於民
人。〔註15〕其次，總理也有一些臨時性任務，如調查隘務經營狀況、配合官

---

〔註11〕 臺灣銀行經濟研究室編，《道咸同光四朝奏議選輯》（臺北：臺灣銀行經濟研
究室，1971 年），頁 21。
〔註12〕 姚瑩，〈諭嘉、彰二縣總理董事〉，《中復堂選集》（南投：臺灣省文獻委員會，
1994 年），頁 187～188。
〔註13〕 姚瑩，〈與湯海秋書〉，《中復堂選集》，頁 119。
〔註14〕 戴炎輝，《清代臺灣之鄉治》，頁 31。
〔註15〕 波越重之，《新竹廳志》，頁 115。

府賑災、以及帶領庄勇協助官府剿匪等，從上述的職務可知總理身為國家與地方之間的中介，幾乎包辦官民之間的各種行政。

在戴炎輝的研究成果下，本節不再贅言談論總理的職務，筆者所關心的是總理為何能在地方擁有一定的權力，其權力形成的過程中，是在怎樣的歷史因素下使清政府授權總理管理街庄，而總理又為何能在地方把持基層政務。在戴氏的研究中，我們並無法得知總理如何逐漸被國家倚重的歷史脈絡，就筆者史料所見，社會問題與執行國家地方治安政策是導致總理權傾一時的結果。因此，總理勢力之盛，完全是背負著地方安危，因而總理最核心的任務即是鞏固國家政權。如同第一章所談論的，在官員眼裡游民問題與族群對立現象是清代臺灣地方動亂的主要根源，於是官員在十九世紀與來自地方社會的權勢人物合作，設立總理以維護社會秩序。國家不能不倚靠總理的原因在於官治力量的薄弱與有限的行政成本，因此透過地方人士來填補縣級以下的基層行政有助於地方統治，而具有一定的地方勢力，以及熟悉地方形勢出身的總理便是其中之一。

再者，我們對總理的了解大多是從道光末年淡新檔案的紀錄而得知，但總理的職責並非是一蹴即成，而是在擔負起國家幾項重要的地方治安任務執行者，致使權責日益擴大。此外，總理在地方的影響力與熟諳公務的情況下，總理也逐漸承擔起各類的基層公務，直到清代在臺政權結束。因此本節要探討的是造成總理權力來源的官諭任務——清庄聯甲、村庄裁判，以及團練壯丁（收養游民），經由這些探討才能觀察出總理的重要性。

### （一）清庄聯甲

在前文已經討論過總理的崛起是在道光初年的清庄之責。官員在道光七年的清庄收到良效後，清庄便替代保甲制成為地方息盜安民的作法，而清庄便成為當時總理最主要的官諭任務。如前所述，清庄的出現與保甲制度有密切的關係。閩浙總督程祖洛就說：「行清庄以防盜藪也。臺灣向有清庄章程，與內地保甲大略相同，而隱寓團練之意，誠善政也」〔註16〕。雖然，保甲與清庄雖同樣以弭盜為最終目的，但有一點很重要的區別在於，保甲由戶口單位編制而成，清庄則是以街庄為單位，這也再次反映在游民比重過高的臺灣，編制保甲並非易事，因此對地方民人的稽查也不再以一定的數額的戶口為單

---

〔註16〕程祖洛，〈奏酌籌臺灣善後事宜摺〉，《臺案彙錄甲集》，臺灣文獻叢刊第31種（臺北：臺灣銀行經濟研究室，1958年），頁108。

位，而改以村庄地域爲基礎。不過清庄仍需編造保甲，其目的仍是立籍稽查之用。

然而清庄的執行仍有一定的困難，道光十三年（1833）在清政府平定張丙事件後閩浙總督程祖洛赴臺奏酌籌臺灣善後事宜，事後其奏摺便指出臺灣施行清庄的難爲之處，程氏認爲先前清庄不彰，是因爲在衙門書役虛應其事下，使地方官下鄉查辦不利，因此打算不再藉助書吏，將委派幹員帶領汛弁巡視稽查，並重申清庄良法必須施行：

> 無如山海交錯，形勢袤長，村居星散，言語咪哩，地方官赴鄉查辦，
> 不能不藉書役爲引路通事。該書役等憚於繁遠，或得規包庇，指東
> 話西，里一漏萬，遂成奉行故事。查臺灣各營千總以下等官之分防
> 汛地者，有一百十五員，較之文職，汛官多至十倍，且皆籍隸閩省，
> 土音是操，所轄地面，亦甚有限。臣在臺灣時，已特委幹員四人，
> 分赴各廳縣協同汛弁，無論山陬海澨，皆須履歷清查，愼選總董，
> 編連保甲，不藉書吏，不限時日，總以查清爲是。應請嗣後每年秋
> 收後，由臺灣鎮道遴委幹員，仿照此次章程，編查一次。如遇原冊
> 無名之人，或去來人數與所報不符者，即拿交地方官嚴訊究辦。委
> 員、汛弁編查不力，由臺灣鎮道查明詳參；如果實心經理，著有成
> 效，計功請獎。似此文武互相稽查，既免顧此失彼之虞，清庄良法，
> 亦不致有名無實矣。

不同於常駐福建的閩浙總督程祖洛，擔任北路番理同知的地方官陳盛韶對清庄則有不一樣的見解。陳氏除了同樣指出清庄效能的低落外，還認爲程氏用委派幹員的方式非一時所能克服，因此仍舊對清庄無所助益。陳氏認爲清庄的癥結在於總理等人無法照實約束，並提出補偏救弊的看法，其〈羅漢腳〉一篇觀點頗爲透徹：

> 惟清庄另造閒民一冊，著總理、族長嚴謹約束，分授執事，俾勿閒
> 游。其不率者，稟官逐水內渡。然總理、族長難得其人，認眞清庄
> 者尤難得其人……清庄之役仍惟賢令尹素與民相親，善惡分明，情
> 惟周知，而後隨時隨處留心清理，知明當處，非委員一時所能造冊
> 繪圖，紙上空譚〔談〕。況委員到縣，直如入汪洋大海，不知其津涯，
> 且清庄之法，不如聯甲。清庄者，實指其人之不善，使無所容。總
> 理之邪不肯爲，總理之正而無勢者又不能爲。惟選立聯首，奉行聯

甲，以小村聯大村，以遠村附近村，同心緝捕，保固鄉鄰，則各庄
之正氣盛、邪氣衰。羅漢腳勢難爲匪，必改邪歸正，否則公同稟逐
內效……況聯甲不分漳泉，不分閩粵，可以息分類之禍。予以建陽
縣行之而效，今鹿港街行之亦效……。〔註17〕

依照這樣的說法，原本官員所倚重的清庄執行者——總理，在難得其人的清
況下已使清庄流於形式。而之前辦理游民的方法也改爲造冊約束，並給予工
作謀生，藉此將游民導回正途。事實上，在地方政府的財政考量下，完全將
大量游民逐回隔海的居住地是近乎不可能的事情，反倒以收養游民的方式還
屬實際。其次陳盛韶在鹿港街以聯合村庄緝捕匪徒的成功事例，認爲先前臺
灣道孔昭虔治理福建時想出的聯甲（即第一章提到孔昭虔在臺實行清庄「聯
守」，而在臺灣聯甲即是聯庄），〔註18〕爲治臺良策。從日後看來，聯甲的確
被廣泛推行，以先清庄後聯甲的方式執行，於是成爲「夫清庄者，嚴事稽查，
不使內賊之匿；聯甲者，互相防守，不使外賊之來也」〔註19〕的「清庄聯甲」。
不過文中所謂「選立聯首，奉行聯甲」，從北臺灣來看，其聯首還是多以總理
擔任並與地方職員、權勢人物共同管理，而其形式通常以數個以上的村庄聯
合起來相互救援抵禦外賊，也因此總理的職權又進一步的擴大。〔註20〕

### （二）庄規四則

　　清庄聯甲確立了總理必須帶領聯合村庄共同防賊捕盜的職責，而道光十
六年（1836）淡水同知婁雲在各庄諭示的〈庄規四則〉更清楚規範總理的執
法項目。從婁雲的動機看來總理等人無法有效約束民人，但設置總理仍是被
歷來的地方官員認爲是不得不爲的，因此總理等鄉職人員在婁雲就任前已被
廣佈於北部臺灣。促使婁雲的是來自轄內不曾間斷的治安問題，他描述北臺
灣失序的治安狀況已到了形同化外的地步：

淡水地方，閩、粵聯庄，民番雜處，物產富饒，人稱樂土。無如鄉

---

〔註17〕陳盛韶，〈羅漢腳〉，《問俗錄》，頁87。

〔註18〕聯庄即聯甲。淡新檔案校註出版編輯委員會，《淡新檔案（三）》，編號12301.6
　　　　（同治十二年十一月二十三日），頁261。

〔註19〕姚瑩，〈上督撫請收養游民議狀〉，《中復堂選集》（南投：臺灣省文獻委員會，
　　　　1994年），頁38。

〔註20〕道光七年孔昭虔在〈爲督屬籌辦清庄議立章程並查勘淡水城垣現在趕購工料
　　　　定期興建情形恭摺奏祈聖鑒事〉中就提到臺、鳳二縣曾施行「清庄聯守」，從
　　　　陳盛韶的紀錄來看，當時可能只作到清庄，聯守並未全面推行，因此才有聯
　　　　甲的倡議。另外，關於聯甲的任務與經費來源，本文第四章將有實例討論。

民失教，游手好閒，每遇鄰邑匪徒造謠滋事，輒即聞風而動，糾約多人，各分氣類，憑凌弱小，仇殺相尋。或焚毀盧舍，或佔奪田園，或抗租而不完，或擄人而勒贖，甚至勾番肆出滋擾，焚殺不休，形同化外。〔註21〕

可見游民與族群對立所產生的治安問題依舊存在，然總理的職權即是約束民人，確保地方社會安定，協助官員消弭盜匪，但其功效卻事與願違。在婁雲之前就有官員沈汝瀚注意到總理因得約束民人之權，造成其權威凌駕於官府之上的情況，並欲立定章程，採連坐治罪之法，抑止總理濫用權勢：

查在臺生長人民，多係聚族而居，向有總理庄者為之鈴束子弟。無論淑慝，其聽命於者總甚於畏官，一經者總斥逐，則無家可歸，無事可做，更覺嚴於官法。因者總並無連坐之罪，其平日但咎子弟之不能順己，而於一切械鬥盜賊之風罰所不及，視為泛常，甚至縱容坦護，無惡不備。擬請立定章程，凡子弟有事，責令庄者送出免罪，否則按子弟之罪將庄者一併連坐。又臺郡凡事皆起於械鬥，一有分類之事，庄者即照為首例治罪，或可消除積習。〔註22〕

沈汝瀚的思維應當影響婁雲的治理政策，因此婁雲所公布的〈庄規四則〉，就明確總理等人如何執行村庄事務與辦事規則，並且包含獎懲方法（連坐治罪），這已可視為「總理章程」。其〈庄規四則〉：

一、各庄向設總理、董事、庄正、庄副，〔註23〕官給札諭戳記約束庄眾，不許爭滋事搶擄為匪，不遵者稟官拏究。或官有查辦事件，諭到該庄，總董等據實稟覆，准蓋戳記免由代書，以達下情。立法本為周密，無如日久弊生，各庄總董正副等處理事務，率多偏袒；且有迴護子弟，黨同滋事者。若不明定章程，無以示儆。嗣後庄眾有事不平者，事在本庄，則投本庄之總董人等理之；事在外庄，則投兩庄之總董人等理之。仍不平，則請鄰

〔註21〕陳培桂，《淡水廳志》，頁388。

〔註22〕沈汝瀚，〈條陳協從免拏及保甲連坐、安插流民、多設墩汛各條〉，中國社會科學院歷史研究所明史研究室編著，《清代臺灣農民起義史料選編》（福州：福建人民出版社，1983年），頁245～246。

〔註23〕〈庄規四則〉第一點雖記載為各庄向設總理、董事。不過從許多史料顯示道光年間的總理是建立於聯庄的基礎，而統理數庄。倘若真為各庄皆設立總理，那麼，單單一個堡的層級，就會有數十位總理，因此筆者認為此處指的「庄」是指聯庄，而並非單指一個村庄。

庄之總董人等議之。終不平，則控官訊斷。倘不先投訴，輒自爭鬥者，無論曲直，先拏肇之人嚴辦。若總董庄正副袒護子弟，黨同滋事者，照例加等治罪。

二、總董庄正副宜力行清庄之法，以除匪類。族有眾寡，庄有貧富，未必人人衣食皆足。養而後教，古有常經；窮而為匪，事所必至。該庄總董、庄正副通計庄中歲產所入之數，或十分而取其一中之半，以歸公所。更查庄中年壯有力而貧無生業者，記名於族祠；無祠者則於社廟。會議公商，或酌給園地佃耕，或借給資本貿易，或僱令巡田守夜，或教之學習手工，務使子弟各有恆業，毋許游手閒蕩，自可不致為匪。其曾犯竊劫擄搶，致死人命，兇暴不法者，公同綑拏，送官究辦。若畏其強橫，慮其報復，即密行稟官，督同拏究，不使其復歸鄉里。少一匪類，即少一搶竊爭鬥之人，通庄受益不淺。著即及早實力奉行，勿託空言。

三、凡庄中不法子弟，該庄總董庄正副固當預行約束。如有怙過不悛者，即當送官究處，可以援自首之罪，從輕減等。若未能首送，經官訪聞，或被控票拘者，該庄總董庄正副務當督帶親丁協差拏送到案，不許徇縱庇匿。又或訟詞命案，被人指控，是否虛實，亦必傳令到案。果有冤屈，不妨邀同見證，帶犯投訴。倘執迷不悟，有心庇匿，以及聽囑混清摘釋，即惟該庄總董庄正副是問。

四、各庄總董庄正副責任大端，無非約束庄眾，和睦鄉鄰之事。果能約束有方，所管庄內並無爭鬥竊劫搶擄及佔地抗租毀焚等事，一年以上給予功牌，三年以上給予匾額，以示獎勸。〔註24〕

由此可見在官員的授權下總理最晚在道光十三年（1833）掌握了兩項重要的權力與資源：（1）村庄裁判權：總理得以調解地方民人糾紛，若總理不能公斷時則控官訊斷，這也使地方官減少不少訴訟案件。此外，若地方糾紛上了衙門，只要尚未結案，若總理私下調解雙方成功，只要具稟「息詞」並附上雙方「甘結狀」，就能銷案。〔註25〕霧峰林獻堂的曾祖父林定邦就因為善於排

〔註24〕陳培桂，《淡水廳志》，頁388～390。
〔註25〕《淡新檔案》，編號33801（同治十年七月），國立臺灣大學特藏組藏。

解糾紛使地方民人倚重，被舉為總理，《臺灣霧峰林氏族譜》載：「曾祖考性質直，以能排難解紛聞於時；鄉人舉為聯庄總理」〔註26〕。總理若能秉正調息對地方是具有建設，不過較為貪婪的總理則會在調處過程或是庄民犯過時，趁機藉端需索，更甚者「誣良為盜，任意詐索」〔註27〕這也是《淡新檔案》中為什麼總理常被控告其「變亂黑白、武斷鄉閭」的原因。然而這些糾紛屬於民間細事，倘若涉及命盜刑案，總理不能干涉，只能上報官府協助調查。另外，總理等人平時需維護善良風俗與約束庄民以防其為非作歹，在《淡新檔案》的聯庄公約中與庄約，大多禁止地方有擄人、竊取庄稼畜產、糾黨械鬥、散佈謠言與聽信謠言而搬移等；而諸如爭訟、誣告、涉及嫖賭與侵害他人財產等破壞善良風俗等事，總理職員等人處以公罰，不聽勸告與情節重者，則稟官究辦。〔註28〕（2）徵收經費權力：總理最重要的治安職責之一，即是力行清庄，藉以清出匪徒。不過官府也知道這種清庄的作為，只是治標之策，並無法根絕盜匪的出現。民人為盜乃因貧窮所致，所以總理等人需讓這些無田業者有維生工作，因此有權徵收庄民歲產 5% 作為經費來源，以資助這些貧民。其次，官府責成總理負責清庄聯甲等防禦公事，並不給予經費，而是由總理等人向轄內民人籌措相關資金，但仍有總理假公濟私左右經費或是惡意加派。

此外，在〈禁約八條〉中總理等人要處理的糾紛也涉及到租稅的繳納，這是臺灣民間糾紛最為頻繁的一項，由於一田多主的權利問題，佃戶的抗租時有所聞，並且與業主頻起糾紛。婁雲對此現象所設立的規定：如佃戶應納的大租、小租如未依限完納，進行抗欠的話，業主可投訴總董、庄正副，查明著令佃戶清還。若再不遵循，總理等人可稟官追究，但不得因其欠租私自擄搶，致滋事端。如果雙方兩造控爭、租穀無法完納者，則需將租穀赴廳倉暫貯，聽候審斷；不得因其互爭，藉詞侵吞，違者以總理等人是問。此外，借欠錢債，亦是照此辦理。〔註29〕在《淡新檔案》不乏這樣的案例，比如艾馬克以 22202 案說明大溪墘庄佃戶抗租的現象，大租戶因居住於街區，無法控制田園的使用權利，使得聚居於村庄的小租戶得以抗納大租，而向官府請

---

〔註26〕 臺灣銀行經濟研究室編，《臺灣霧峰林氏族譜》，臺灣文獻叢刊第 298 種（臺北：臺灣銀行經濟研究室，1971 年），頁 115。

〔註27〕 何培夫主編，《臺灣地區現存碑碣圖誌補遺篇》，頁 209。

〔註28〕 戴炎輝，《清代臺灣之鄉治》，頁 70～71。

〔註29〕 陳培桂，《淡水廳志》，頁 390。

求協助收租。案件過程中，淡水同知丁曰健深知頑佃抗租將影響「國課」、「兵
糈」的收入，諭令大溪墘庄總理姜國華，勸令佃人盡速完納，之後接任同知
的唐均更命差役、糧書與金廣福大隘的姜殿邦，以及中壢總理王作霖、大湖
口總理戴水生與其他職員，一同追收大溪墘庄佃人所欠的租額，並授權姜殿
邦、王作霖、戴水生帶同鳥鎗手 100 人、壯丁 50 人前往當地才讓佃眾順俯，
得以收得部分欠租，其餘欠租則在三人的規定下陸續攤還。〔註 30〕因此本案
說明至少在北臺灣的總理確實負有催收租穀的職能。

### （三）聯庄團練

　　在第一章時，筆者強調游民對社會秩序的破壞力與社會問題，是清代臺
灣歷來官員多視臺地治安大壞的原因之一，而總理正是執行處理游民的關鍵
人員。在上文中，不管是保甲制度、清庄聯甲或是〈庄規四則〉，這些政策的
目的之一重點便是如何弭盜，從官府的角度來看游民實等於盜賊，因此弭盜
等同於處理游民問題。而到了姚瑩擔任福建臺灣道時則以昔日擔任龍溪知縣
的治盜經驗，提出收養游民為庄丁的做法來消弭盜賊問題。

　　道光十八年（1838），臺灣道姚瑩認為清庄聯甲雖然能清除游民，卻使
他們沒有容身之處，因而轉向貧弱小庄或內山僻地，其結果仍潛伏一隅而
已，而官府「任聽之，則日月往來，勢必復思嘯聚。急捕之，則挺而走險，
且夕可以燎原」；〔註 31〕又認為臺地以清庄編查保甲為弭盜措施是為不可行
「蓋游民散在各庄，為匪尚易捕治，一行清庄，則匪人無所容，是驅之為亂
矣」；〔註 32〕此外，地方辦理清庄聯甲也實為不力「向來辦理保甲不過造一
煙戶冊，清庄聯庄不過貼一告示，不欲為紙上空談……」〔註 33〕基於如此，
姚瑩採用嘉義縣令的建議，特立團練章程為清庄聯庄之法，於嘉義、彰化二
縣率先實行（次及於全臺），〔註 34〕其目的即是「收用游民、以化莠歸良之

〔註 30〕Mark A. Allee, *Law and Local Society in Late Imperial China:Northern Taiwan in the Nineteenth Century*, pp. 85-87.
〔註 31〕姚瑩，〈上督撫請收游民議狀〉，《中復堂選集》，頁 40。
〔註 32〕姚瑩，〈與湯海秋書〉，《中復堂選集》，頁 117。
〔註 33〕姚瑩，〈飭嘉義縣收養游民札〉，《中復堂選集》，頁 185。
〔註 34〕姚瑩以嘉、彰為先行之地，乃因其地勢重要，又盜賊尤多：「臺之南路為鳳山一縣，中路則郡城也。嘉義、彰化、淡水廳皆為北路，道里縣長。嘉、彰盜賊尤多。彰化民多習鳥槍，形勢遠隔，一有蠢動，則嘉義及中南兩路皆掣其後。前人往往受困，故治臺以北路為亟，而彰化更在所先。」姚瑩，〈與湯海秋書〉，《中復堂選集》，頁 117。

計」，以收養游民免致匪徒誘結興亂。

姚瑩認為收用游民並非不可為之，據他算計，一庄之中，丁壯約占 30%，其餘皆為老弱婦女，丁壯中又多有生計者，無業者約為 10～20%，而僅止游盪或與匪徒往來的人，依村庄的規模約為數人至數十人。〔註35〕換言之，以數十數百之家共同提供經費作為游民飯食生計之用，是為可行之策。然而，總理仍為聯庄團練的執行者，不過在此之前嘉義縣曾實施過，但總董多未實力奉行，因此姚瑩還特別發出諭示給這次率先實行的嘉、彰二縣總理董事，諭其遵照配合，〔註36〕另外吩咐縣丞、巡檢稽查，必使已行團練者不敢懈怠，未行團練者迅速遵行。〔註37〕在此筆者將姚瑩的各篇文稿統整，觀察聯庄團練的執行重點，如下：（1）造冊約束：由總理董事收使庄內游民歸庄，赦其前罪准予自新。〔註38〕壯者作為團練庄丁，令其日夜巡守村庄，弱者則為雇工，令其看守田園門戶，並將姓名年貌造冊四份，一份送縣屬存案，三份交委員齎送鎮道府衙門備查。總董按造冊名單稽查、教導、約束，不遵者或仍與匪徒往來者，送官究治。（2）經費來源：由村庄自行釀錢負擔，以公給的方式予游民飯食作為庄丁，能無事巡守田園，有事則逐捕盜賊；而無法負擔的貧窮小庄，則由地方官查明轄內山陬海埔之地，給照開墾。〔註39〕由該執行過程來看，總理成為清庄團練的管理者也掌握了庄丁名冊。而從七月至九月間彰嘉二縣，就共收養游民八千人，〔註40〕其成效也頗為不錯，同年十月各庄總董率領收養的數千名庄丁，隊伍整齊地迎接姚瑩（類似閱兵），讓當時欲從興亂的匪徒聞風畏懼，而紛紛解散。〔註41〕姚瑩〈勸捕中路匪徒完竣奏〉的報告更說明當時收養游民削弱匪徒勢力的用意已奏效：「從前張丙滋事，一

---

〔註35〕姚瑩，〈飭嘉義縣收養游民札〉，《中復堂選集》，頁 187～189。

〔註36〕姚瑩，〈諭嘉、彰二縣總理董事〉，《中復堂選集》，頁 185。

〔註37〕姚瑩，〈飭嘉義縣收養游民札〉，《中復堂選集》，頁 185。

〔註38〕除常為亂首或大盜、殺人正凶者不赦外，餘者免究。姚瑩，〈與毛生甫書〉，《中復堂選集》，頁 115；姚瑩又於〈諭嘉、彰二縣總理董事〉有更詳細的說明：「至於匪類之中，亦有差別。如係逆案要犯及劫掠重犯、人命正兇，法在不赦，自當立予捕誅。其或實因無業，僅與匪類往來，並未犯有叛逆、盜劫、人命之案者，尚可改過自新。」姚瑩，〈諭嘉、彰二縣總理董事〉，《中復堂選集》，頁 188。

〔註39〕姚瑩，〈上督撫請收游民議狀〉，《中復堂選集》，頁 40～41；〈飭嘉義縣收養游民札〉，《中復堂選集》，頁 185；〈諭嘉、彰二縣總理董事〉，《中復堂選集》，頁 188。

〔註40〕姚瑩，〈與湯海秋書〉，《中復堂選集》，頁 118。

〔註41〕姚瑩，〈上鍾制府、魏中丞言事狀〉，《中復堂選集》，頁 44。

經豎旗，則各處游民紛紛而來，故敢爲逆，不料此次游民均被收養，營汛把守日嚴，到處糾人，竟無應附」。〔註42〕

　　另外收養游民除了消除匪徒勢力，使清庄團練成爲民間自衛組織的武力來源之一外，〔註43〕同時也彌補清政府的軍事能力。在道光二十年（1840），姚瑩爲防英國窺佔臺灣，又復令全島四縣二廳各庄總董頭人，團練壯丁數百人不等，當時具冊者已有一萬三千餘人，其半數以聽候官府調撥，半數守庄。〔註44〕可見在姚瑩的主持下多少讓昔日造成治安問題的游民，轉爲保護鄉閭、防範外敵的可用之民，也解決了當時內憂外患的窘迫局勢。而在這次抵禦英國的戰爭中，不少總理都立下功勞獲得軍功，其後在同治年間，也有一些總理團練庄勇跟隨官府討剿戴潮春等人再次立下功勞。

　　從本節的討論中，可見總理雖時有奉行不力的現象，但依然成爲協助官府地方治理的首要人選，很明確的官府乃是藉由總理的威望與在地方社會的影響力，來執行各種地方治安的工作，而這些權責的賦予，乃是總理職權擴大的原因。

## 第二節　總理的選任與相關規範

### 一、總理的選任制度

　　總理作爲鄉治組織之首以領導地方，遂爲協助官府執行地方政務的重要成員，因此充任總理職位的人，其資格就特別地重要。我們根據《淡新檔案》所提供的案件，可以知道作爲一個符合國家期待的稱職總理，其基本條件必須要有家有室與正當的生計，以及具有良好聲望與操守，通常還需要有足夠的辦事能力最爲勝任。〔註45〕這些基本要求反映在每件總理舉充案件中，被舉充爲總理者都會在上呈的「認充狀」中，強調自己具備這些能力，因此總理作爲弭盜息爭、緝奸除暴，以及從事地方建設與維持治安者，實力任事與

---

〔註42〕姚瑩，〈勒捕中路匪徒完竣奏〉，《東溟奏稿》，臺灣文獻叢刊第49種（臺北：臺灣銀行經濟研究室，1959年），頁23。

〔註43〕我們也可以懷疑這些游民在轉爲庄丁之後，有成爲總理私人武裝的可能。

〔註44〕姚瑩，〈臺灣十七口設防圖說狀〉，《中復堂選集》，頁75。

〔註45〕戴炎輝根據《淡新檔案》分析總理的適格條件，擔任者多需「爲人誠實、謹慎」、「有家有室，聲望素孚」與「公事諳練，廉正秉公」。戴炎輝，《清代臺灣之鄉治》，頁23。

公正無私者才足以充任；反之，如果總理在辦理公務（由其是清庄與監督不法份子）上徇私，則會失去威信與造成地方治安防衛的漏洞。

此外，並無文獻規範擔任者的年紀，不過從檔案中的被舉人的「認充狀」來看，其年紀多約略在四十來歲，這樣的原因可能來自擔任者必須身強體壯，有一些總理則到了六、七十餘歲都還堅守職位。然而，我們很難相信他還有精力去承擔地方公務，不過耆老在傳統中國的村庄本是備受庄民尊崇，且富有調解糾紛的能力，因此也可知道，官員同時也正視擔任者維護治安與約束民人的能力。〔註 46〕其次，一些的案例也顯示總理有父子兄弟親族延續擔任的狀況，這可能來自地方勢力的承襲，不過，表面上在充舉過程需得到地方人士的支持保結。如新埔街庄總理范輝光因老邁不力告退，地方人士推舉其四十二歲的兒子范文華接任。〔註 47〕又如寶斗仁等庄總理鄭重開在病逝時，在其子鄭重開用其勢力與黃文繡進行約一年的糾紛後才得以接任。〔註 48〕如果得不到地方主要勢力支持者（競爭激烈）則更難以接任，如竹塹城東門總理周邦正因母染病而回原籍，其子周鵬程欲稟請頂辦，但得不到城內其餘總理的支持而失勢。〔註 49〕這幾件案例顯示，欲掌握該職者，需要得到轄內勢力的支持或整合（即充任者之「實力」），同時也可看見某些地方行政職權被家族壟斷的現象。〔註 50〕

總理產生的方式原則上都是經地方權勢人物的公選後再報官驗充，當官員確認許可後，則給予諭戳，完成這些手續後才正式擁有職位與權力。以《淡新檔案》中道光二十二年（1842）淡水廳任命劉振德為吞霄總理為例，說明認充過程與相關手續：1. 地方權勢者（地方相關職員、紳耆、舖戶等）僉議遴選劉振德後，共具「保結狀」一份，並保結被舉人能力，如「為人誠實，有室有家，勤慎辦公，諳練公事」說明其足以充任；2. 被舉人需具「任充狀」，自述年歲、原籍；3. 由淡水廳差役驗名正身（被舉人）後上報；4. 傳被舉人

〔註46〕 這位年老的總理屆時會在第四章做討論。

〔註47〕 淡新檔案校註出版編輯委員會，《淡新檔案（三）》，編號 12219.1-3（光緒四年十一月二十九日～光緒四年十二月初四日），頁 182～183。

〔註48〕 淡新檔案校註出版編輯委員會，《淡新檔案（三）》，編號 12218.1-25（光緒四年二月十五日～光緒五年閏三月初三日），頁 168～181。

〔註49〕 淡新檔案校註出版編輯委員會，《淡新檔案（三）》，編號 12202.1-5（道光二十年十一月初七日～道光二十二年十一月十九日），頁 80～81。

〔註50〕 最明顯的例子即文後筆者針對吞霄總理的探討，在這個地方，總理長期被鄭姓父子與張姓兄弟所擔任。

前往官署當面驗看對答（當事人補述家室、現居住地、生計狀況）；5. 對答無誤後，官員准予充任並當面叮囑重要事務，並給發諭戳，以辦公事。〔註51〕此外，廳縣官員也有自行查訪地方人士命其充任，〔註52〕不過其方式並非常態，除了官員本身無法有足夠的時間熟識地方社會外，也應當考慮到擔任總理者必須得到地方有力人士的認可推選，才足以統領街庄。因此由官員自行派定總理者較屬罕見。

所謂的「諭戳」，即總理在執務憑據之諭帖與木頭作成的戳記（見圖2-1），這兩件來自官府的信物，是代理官府協助辦理轄區內的地方行政的權力象徵，然退職失職者，自然需將戳記繳回吊銷，以防止卸任總理假借戳記濫用職權。在廳縣官員新任時，戳記似應進行更換，這個機會也提供差役向總理索禮形成弊端。〔註53〕特別的是，有些時候官府在替換總理時還會貼出告示通知該街庄的民人。〔註54〕諭戳的重要不可言喻，因此有案件即說明新任總理由於官府晚發諭帖，使得總理無法示信於民並難服人心，以致政務有推行

〔註51〕淡新檔案校註出版編輯委員會，《淡新檔案（三）》，編號 12203.5-9（道光二十二年十二月十九日～道光二十二年十二月二十日），頁89～91；華立，〈清代保甲制度簡論〉，中國人民大學清史研究所編，《清史研究集》，第六集（北京：光明日報出版社，1988年），頁104。

〔註52〕綜觀淡新檔案只有一案為官員自行選任具有監生身份之人充任總理，但被該監生微婉拒決。淡新檔案校註出版編輯委員會，《淡新檔案（三）》，編號 12203.18-20（道光二十三年十一月初九日～道光二十三年十一月十一日），頁97～99。又如日人《地方行政舊慣調書》〈臺中地方〉記載：「總理偶而由官選任」。臺灣總督府民政部總務局地方課，《地方行政舊慣調書》，頁47。

〔註53〕戴炎輝，《清代臺灣之鄉治》，頁222。

〔註54〕以下為同治七年淡水分府嚴金清斥革原總理董事告示原文，嚴金清的用意在於以後地方公事由新充各庄正辦理，地方民人不得再向原總董稟告處理：「署淡水總捕分府嚴為出示曉諭事。照得總董之設，原為辦理地方公事，協拏命盜要犯，當選取誠寔諳練者出為充當，不應以貪婪者濫充斯缺，為鄉民之害也。茲查九芎林等庄總董姜榮茂、劉維蘭、曾鼎援、徐振綱、彭捷科等，遇事需索，維利是圖，殊非本分府除盜安民之至意，亟應斥革換充，以除民害。正在示革飭舉間，茲據某等僉舉某等接充某庄庄正，當經發給諭戳准充在案。除將姜榮茂等示革外，合行出示曉諭。為此示，仰九芎林等庄鄉耆鄉民人等知悉：爾等須知原設總董姜榮茂、劉維蘭、曾鼎援、徐振綱、彭捷科等五名，業經本分府示革在案，嗣後凡有地方公事，須向新充各庄正等報明妥辦，不得仍向原設總董姜榮茂等私相受授，串同索援，致干并究。其各凜遵，毋違。特示。」見淡新檔案校註出版編輯委員會，《淡新檔案（三）》，編號 12209.13（同治七年二月三十日），頁127～128。

的困難；〔註55〕而戳記之用尚能使文書產生效用的憑證與擔保，在諸多契約文書都能看見總理戳記，尤其是因為總理的身分與聲望，而作為契約見證的「中人」角色。

圖 2-1　竹南三保苑裡街庄總理張媽喜戳記〔註56〕

（內文：淡水分府王給三保苑裡街庄總理張媽喜戳記。戳記長 8 公分；寬 6 公分；厚 3 公分。苑裡張守合先生提供。）

圖 2-2　道光二十三年閏七月地方人士推舉張媽喜充任苑裡街庄總理之稟文

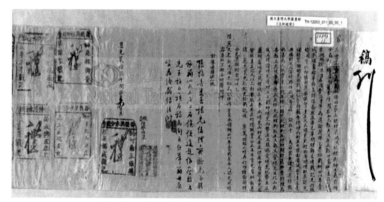

說明：稟文內容可見本文附錄 3

〔註55〕淡新檔案校註出版編輯委員會，《淡新檔案（三）》，編號 12209.27（同治七年十月），頁 133。

〔註56〕該枚戳記至今仍留存於苑裡張家手中，可見當時張媽喜在離任時並未繳回戳記吊銷。

　　而總理的戳記內容上頭會刻著哪一位地方官員在職時任命（或是向新任官員換戳），其兩側則刻著「給某保某街庄總理（姓名）」。必須一提的是，上面標示的街庄並不表示其權力僅限於該街庄，而是官府對該總理轄區的簡稱。〔註57〕以圖2-1的淡水分府王給三保苑裡街庄總理張媽喜戳記來做例子，張媽喜當時所負責的轄區除了苑裡街就至少包括了日北山腳庄、房裡庄、北勢庄、西勢庄、苑裡坑庄、山柑尾等庄。〔註58〕以苑裡街庄為命名，是由於該街為該聯庄區內最大的市街，而其它地區也是如此。

## 二、總理的任期與地方政府的管理

　　總理任期並無定限，有些長則擔任數十年之久，短則數月。按《淡新檔案》的案件紀錄顯示，影響總理任期原因，來自其病故、年老、移居境外等，以及占全部案件比例最高的原因——官員斥革。斥革可略分兩類，一者來自地方人士與差役之稟請官員革退不適任總理，此者在正當理由背後或多或少隱含地方派系之競爭；另一者為官員主動斥革，則多見於總理未能辦妥官府交代之公務，或是設館投詞、需索，以及窩賭包庇匪徒等破壞社會秩序之行為。總之，被斥革的總理是違背充任時之承諾，他們不完全是真心奉公，並存有營私牟利的意圖在。其次，消極方面而言，被斥革者已代表總理在能力與操守方面有所偏差不足，理應嚴格禁止再度出任，這些不法總理都已「斥革在案」，也就是說官府的檔案文書裡都存有紀錄，雖然如此，實際上卻難以禁絕。如同治七年（1868）竹北一保九芎林等庄就推舉一位改名復充的總理出來充任，雖然衙役在驗明正身時發現並上報官員，但他仍被允許就任。不過這名總理任職幾個月後特別上稟請官員給發諭帖，宣稱「凡遇庄中大小事務，俱稱無諭，不能信從，辦理維艱。隸未蒙給諭，所到各庄辦理，庄民言無憑據，不敢向前辦理」。〔註59〕這樣的困境實際反映諭戳的重要，但有可能的是不適任的總理在斥革後復充，已難取得庄民的信任。

〔註57〕總理負責數個街庄，而其下的街正、庄正、族正等鄉職人員的權限則僅於當地聚落村庄，不管理鄰庄事務，亦不干預公事。淡新檔案校註出版編輯委員會，《淡新檔案（三）》，編號12240.1（光緒十四年十二月初四日），頁247。

〔註58〕淡新檔案校註出版編輯委員會，《淡新檔案（三）》，編號12203.11（道光二十三年閏七月十四日），頁92。

〔註59〕淡新檔案校註出版編輯委員會，《淡新檔案（三）》，編號12209.24-28（同治七年八月二十八日～同治八年六月），頁132～134。

總理等鄉治職員如同在官人役的地保，並不支領清政府的薪資。執行公務與服務地方所獲得的酬勞（或規費）是他們最固定的收入，有時身為頂頭上司的地方官在吩咐他們作幾項特別重要的公務時，如果能辦理得妥，就會給予獎賞，或是給予表揚用的匾額。據日人《地方行政舊慣調書》的調查紀錄，每個地方的狀況都有些差異，如臺北、基隆地方，總理等人在處理每件事務時可得到關係者的謝金，總理一年之所得可到 200 圓、保長有 100 圓、街正、庄正則有 20 圓，而在端午、每月的朔望（農曆初一、十五）、除夕三節時，每戶也會贈呈 1 至 3 錢。〔註60〕苗栗地方的總理、鄉保等人的收入是由管轄內富裕者所供給，估計總理一年約有 180 石的收入，鄉保、庄正則約有 30 多石。〔註61〕這些資金是鄉職人員的「正當收入」，當然這可能是維持地方行政的必要費用，但是也有一些總理、鄉保會在執行偵捕犯人或牽連命案等公務時另外再索收陋費。

在臺官員任期短暫與頻繁調動，也讓官府對總理的管理不甚嚴謹，許多心懷不軌之徒想盡辦法充任總理，藉此假公濟私。一則案件可清楚說明這種狀況，光緒十年（1884），竹北二保大溪墘庄業戶曾國興、徐國和與數位擁有功名的地方人士聲稱前總理鍾廷英，原本是位「赤僕單居，游賭為業」之人，在「冒充」總理後「倚恃身勢，貪婪益甚」。他們指出鍾廷英在職時三件具體不法之事，一件並在堂訊時已互指無異。光緒九年春，地方一名舖民夜間被搶，鍾廷英前去查勘後卻不上報衙門，當時知縣周志侃還派差令鍾廷英查實具稟，但鍾卻依然不報，等至「稟禮索定，始行具稟」；同年七月，業戶徐熙拱協同公差奉票監收課租時被黃雲標中途搶奪課租與車夫、車牛，因此徐熙拱呈請押放，黃家也將所奪物品交給該管總理徐國清，但徐卻不欲受理，轉而越界賄賂鍾廷英來承領此事，因此鍾也難辭其咎；另外，庄民張阿恩與姜阿罕兩人糾紛時，姜阿罕因不依鍾廷英之需索，鍾就將姜家交付的豬牛等物拿去變賣。這些不法情事讓鍾廷英遭到周志侃的斥革，不過鍾廷英的諭戳卻未被吊銷，使得官府「只革其名而未除其實」，鍾得以利用諭戳繼續作惡，危害鄉里。因此地方人士向新任知縣朱承烈稟請迅速吊銷已被斥革總理鍾廷英的諭戳。朱承烈在該案的批示也揭露一項嚴重的事實，其批示：「前因府憲禁革總理，經本縣於抵任後，隨時訪查，酌量斥革……」〔註62〕

〔註60〕 臺灣總督府民政部總務局地方課，《地方行政舊慣調書》，頁 44。
〔註61〕 臺灣總督府民政部總務局地方課，《地方行政舊慣調書》，頁 46。
〔註62〕 淡新檔案校註出版編輯委員會，《淡新檔案（三）》，編號 12225.1（光緒十年

這說明斥革總理仍會被酌量沿用。由此可見，官員雖設立總理作為地方治理的要職，但是在管理上時有疏忽與寬鬆，讓不法總理成為人民的禍害。對於這種現象，吳子光亦有如此感嘆：「以官檄為護符，以文牘為奇貨，竭良善之脂膏，適以飽豪強之囊橐。即有賢明有司，亦多墜其術中而不悟。吁！其可歎也夫！」〔註63〕

總理遭到冒充與危害鄉里而不被及時控告斥革是個有趣的現象，其因大致為民人懼其惡勢力，深怕日後挾怨報復。例如光緒八年新竹縣竹北二保的楊梅壢、頭重坑等庄總理邱殿安，被地方結首等人指控他原是積案重犯的邱阿安，因身懷重案而畏懼難逃法網，進而私下捏造庄耆、佃戶的屬名並改名為邱殿安來冒充總理。地方稱其任內「為虎惡恃、戳藐噬民」並開設賭場、聚匪為夥、宰殺耕牛、姦奪人妻，但「人人共聞而共見，家家敢怒不敢言，恐遭其毒害」邱殿安更無視自己身為總理理應捕盜衛民、排解糾紛，還「無事則引匪鼓釁，含沙射影，有事則率夥到處露爪張牙，或執詞鎖押，祖□扛幫持戳，以劫民財，不問兩造是非，先視被此肥瘠，以賂者伸，為賂者曲」，地方還稟稱邱殿安早被前知縣批革在案，但趨奉官府又行冒充，得以瞞騙繼續在鄉里作惡。〔註64〕

其實鍾廷英的不法行為還屬輕微，諸如邱殿安這種惡行也並非不可信。筆者在第四章所討論的吞霄街庄總理，更因勢力強大在其鄉里間橫行霸道，他們可輕易糾率壯丁甚至結合匪徒行搶官府設立的料館，或者動用私刑凌虐被害人等等。總之，官府設立總理衛民的目的，在無法有效管理與選才上，官府的善意早已蕩然無存。

雖然素質不良的總理對地方造成危害，但是秉正的總理著實有著實際貢獻。必須指出，在臺灣，尤其在士紳階層尚未形成之時，總理實際上是扮演著士紳的角色。他們帶領地方從事各種公共建設，捐獻自己的資金、土地倡建廟宇，持正的化解庄民糾紛，向官府上稟表達地方意見，維持地方利益；當地方動亂時，挺身而出保全村庄，竭力抵抗匪徒的侵害，甚至動用私人財產追隨官府平定動亂，有的總理還因盡責捕匪而犧牲性命；另外，總理也在械鬥後帶領懼亂出走的庄民「歸庄」，穩定地方生產秩序，這些皆是總理努力

---

二月初一日），頁205～206。

〔註63〕吳子光，《臺灣記事》，頁67。

〔註64〕淡新檔案校註出版編輯委員會，《淡新檔案（四）》（臺北：國立臺灣大學圖書館，1995年），編號12510.1（光緒八年三月十七日），頁123～124。

維持地方安定的具體作為。雖然有些總理實際上是出自於維護自己的利益，或是趁機擴張勢力。但應當指出的，官府雖透過總理穩固地方統治，而地方權勢人物也有藉由總理職位來把持街庄政務的情形，這種國家與地方利益合作的治理，乃是清代常見之現象。

最後尚需提及國家對總理的懲處，原則上官員處置違法的總理都是從重量刑，但是實際上的官員的管理態度卻相當消極，甚至有姑息的傾向。我們從《淡新檔案》中可以發現，總理即便危害鄉里也僅以革職辦理，很大的原因在於官員無法時常下鄉督察巡視，而地方人士的指控也難以提出具體事證，因此斥革便成為官員最常見的管理方式。這樣的說法不是毫無根據的，「總董辦理之虛實，及廳、縣督率之勤惰」〔註65〕兩者是密切相關的。在此茲舉筆者從史料中少見的兩起官員對總理處刑實例，這些案例充分展現官員對總理做出實力的監督。

這兩起案件與道光七年（1827）臺灣道孔昭虔率領臺灣廳縣官員在各地積極巡視以嚴拏逃匪的背景密切相關。當時在上級的嚴令下，鹿港同知呂志恒協同營縣巡視地方時就訪獲「交結巨匪、積慣包攬詞訟」的總理許奪魁。奏摺中提及許奪魁身為總理，為眾望所歸，官府藉總理熟悉地方而以資其耳目，但許奪魁卻與「積年巨盜」的許存等人結交來往，〔註66〕並且窩藏不舉發，使得先前官府無法查獲。呂志恒認為今當整頓清庄、慎選總董之際，若不從嚴懲創，無法示儆將來。於是官府以比照捕役兵丁與巨盜交結往來、漏信脫逃之例治罪，將許奪魁發極邊足四千里充軍。〔註67〕

由於臺灣四周濱海，商船往來頻繁，在技術與天候的影響下船隻海難不時頻傳，然總理必需保護進港商船，〔註68〕以及遏止村民趁機搶奪商船，維持地方秩序。在道光八年，當時淡水同知李慎彝也嚴辦一名總理，其因就是來自晉江縣的船戶載貨來臺，在海上因遭風難而漂入芝苞里海邊擱淺，其船隻遭到採捕漁民乘危拆搶而沉溺。李慎彝知悉後分飭文武嚴拏，一面責令總

---

〔註65〕 孔昭虔，〈為督屬籌辦清庄議立章程並查勘淡水城垣現在趕購工料定期興建情形恭摺奏祈聖鑒事〉，《軍機處檔摺件》，文獻編號：055408。

〔註66〕 合理的懷疑，許存應當與總理許奪魁為同一族人。

〔註67〕 許奪魁原本應判以死罪，但在量刑時罪減一等，其因不明。孔昭虔，〈為督屬續獲焚搶械鬥餘匪隨地審明分別辦擬並察看現在臺灣北路民情安謐臣俟事畢回郡歲試緣由恭摺具奏仰祈聖鑒事〉，《軍機處檔摺件》，文獻編號：055409。

〔註68〕 國立臺灣大學藏，《淡新檔案》，編號 33505.3（光緒十一年二月），未出版。另外，總理平時如何使用公款保護擱淺船隻，可見論文第四章第三節。

董地保追緝。不過當地總理郭壬祿卻仗恃他世爲雲騎尉，[註69]進而庇護犯案族匪，抗命官府不跟拏嫌犯（嫌犯爲其族人郭尚）。李慎彝認爲郭壬祿既然充任總理，即有稽察捕匪之責，但郭壬祿則庇護族人，隱匿不報。以比照竊盜等事以及地保隱匿不報，按照強盜窩主之鄰佑，知而不首之例，罰杖一百，並且革去郭壬祿雲騎世職。[註70]

上述兩件案例可以特別注意總理失職之處分，官府分別將其比照捕役兵丁與地保隱匿不報之例來向總理治罪，顯見總理在犯罪時近同捕役兵丁與地保，故適用於此例治罪。不過這樣的懲處實例，卻在之後難以見得，大部分的官員多以威脅「究辦」，但卻又少有下文，也就是說官府對總理的監督與控制一直不甚嚴謹，這也造成許多素質、操守不良者競相擔任總理。

## 三、總理轄區與名額

總理的設置與地保皆位於里保之下，在嘉慶年間總理設置之初並非建立在聯庄的基礎上，但他們負責的區域皆是位於縣一級以下的里保區域，其負責的地方可能限於一個村庄，或者因爲地方開發而擴展到數個村庄。[註71]而在總理的轄區內，通常又設董事若干人，協助總理處理日常事務，其街庄則另有街庄正。不過，在道光年間尚未推行聯庄之時，總理的轄區應以里保爲限，官府並不特別去做區分。到了道光年間，總理出於清庄聯庄的需要，讓總理的轄境明顯建立在有著同樣歷史淵源（自然、人文）的村庄，以一村

〔註69〕 雲騎尉，歲俸銀 85 兩，正五品。其立意似今日公務員遺族撫恤條例。郭壬祿所世襲的雲騎尉職，可能與乾隆六十年千總郭雲秀（芝葩里人）在於彰化城東門禦賊殉命後，被給予雲騎尉並世襲罔替有關。鄭用錫，《淡水廳志稿》（南投：臺灣省文獻委員會，1998 年），頁 69。

〔註70〕 劉廷斌等，〈爲拏獲拆搶遭風商船之沿海匪犯審明辦擬恭摺具奏仰祈聖鑒事〉，《軍機處檔摺件》，文獻編號：060523。

〔註71〕 必須提及，總理制並非正式的地方行政組織，因此各地的設立時間並非一致，其名稱統屬亦不相同，其轄境也廣狹不等。例如臺南縣，全區劃分成段、合境、境、街，四種互相統屬的單位，總共有七段一合境，於各段各合境置總簽首一或二人，或總簽首一人副簽首一人，各街各境置簽首一或二人，又另置爐主一人。彰化縣，於縣城設聯甲總局，地方分設九保而各設分局，各局設局長一人，各保另設頭人一人，各庄設總理一人，每十戶設一甲首。知縣監督總、分局；總理監督甲首。嘉義縣，保設大總理，街設簽首，庄置總理，其人數一或二人。鳳山縣，里設總理。恆春縣，大庄設總理二人，小庄一人。安平縣，每里保設一總理，每街庄設耆老若干人。蔡淵洯，〈清代臺灣基層政治體系中非正式結構之發展〉，頁 106～107；戴炎輝，《清代臺灣之鄉治》，頁 20。

聯一村的共同防禦組織，使得總理負責的區域有較為明顯的範疇。日後，雖然有些地方會經歷不斷的開發與改變，進而析分或擴展總理轄區，〔註72〕但官府以總理轄區作為治理地方村庄的渠道已成為常態。〔註73〕顯見，屬於非正式結構的總理制逐漸走向正式化趨勢的基層政治結構。〔註74〕

　　總理廣佈於街庄的設置，可視為國家控制的向下延伸，在北部臺灣，〔註75〕地保所負責的區域大致是以一個保為單位（也因此稱為保長）；總理則不同，按照《淡新檔案》的資料顯示，他們比起地保管理著較少的村庄，依其規模大概為保下數個至數十個村庄；〔註76〕而一個保則依地方需求不同而劃分數個總理區，這樣的設置將以往的里保區域又往下析分成數個非正式的行政單位，以利國家推行各項政務。以同治十一年（1872）淡水廳竹塹地區的總理清冊為例，當時竹北各保（含竹塹保）已劃分出5～7個總理轄區，竹南一、三、四保各則有3～4個，竹南二保則高達11個總理轄區（見表2-1）。〔註77〕

　　竹南二保所劃分的總理轄區遠高與其他三保的原因，可能來自當地自然環境的影響。據這份總理清冊，竹南二保中屬於近海街庄的總理轄區只有後壠街一處，其餘總理轄區的分布皆位於沿山地區。黃國峯認為造成這樣的原因是來自地方自然環境與人文聚落的影響，如後壠地區的街庄因分散於沿海平原，因此聚落多為散居，彼此之間的聯繫也因地形平緩較為容易迅速；沿山的聚落因分佈於地勢狹窄的河谷平原或山中盆地，並且漢人進山開墾需面對賽夏、泰雅族的威脅，因此形成防衛性的集村，又由於沿山地區在丘陵地的分佈，以及山脈縱橫阻隔下，多各自形成獨立的區塊。因此沿山總理轄區

〔註72〕林玉茹，〈閩粵關係與街庄組織的變遷——以清代臺灣吞霄為中心的討論〉，頁81。

〔註73〕總理轄區的探討，筆者將於第四章，以竹南三保為例討論該保如何析分成吞霄、苑裡兩個總理轄區。

〔註74〕蔡淵洯，〈清代臺灣基層政治體系中非正式結構之發展〉，頁108。

〔註75〕本文在討論清代臺灣總理的轄區與名額、年限等方面，多以北部臺灣街庄為例。主要是因為該地史料較它地完整，其次，該地總理制的發展與施行情況又較一致，所以能概略說明總理制相關之問題。

〔註76〕同治十三年淡水分府陳星聚說：「（同治十二）……淡轄各保，大者管十餘庄，小者該管六、七庄……」。淡新檔案校註出版編輯委員會，《淡新檔案（三）》，編號12403.47（光緒元年四月二十一日），頁327；又《新竹廳志》載：「十數街庄至數十街庄置總理一名」。波越重之，《新竹廳志》，頁114。

〔註77〕淡新檔案校註出版編輯委員會，《淡新檔案（三）》，編號12213.4號（同治十一年五月初四日），頁148～149。

的劃分在深受地勢、地形與聚落型態的影響下，較近海街庄總理區多。〔註78〕

表 2-1　同治十一年（1872）淡水廳竹塹地區各保總理轄區

| 保　名 | 保、鄉長 | 總　理　區（總　理　人） | 其它設置 |
|---|---|---|---|
| 竹塹首保 | 無 | 東門總理　林來澤 | 樹林頭庄甲首王啓明 |
| | | 西門總理　林益修 | |
| | | 南門總理　懸缺 | |
| | | 北門總理　懸缺 | |
| | | 西門外總理　陳嘉福 | |
| | | 南門外總理　劉賢文 | |
| | | 北門外總理　黃應平 | |
| 竹北一保 | 保長 柯進發<br>鄉長 高石 | 南勢庄總理　陳清輝 | |
| | | 牛埔庄總理　吳有義 | |
| | | 海口庄總理　彭榮春 | |
| | | 香山街庄總理　楊保泰 | |
| | | 羊寮虎仔庄總理　鄭德宗 | |
| | | 九芎林庄總理　葉國欽　劉世珍 | |
| 竹北二保 | 保長 邱和順<br>鄉長 范光能 | 新埔街總理　劉秉中 | 石崗仔庄庄正范勤清<br>六張犁庄庄正邱雲開 |
| | | 咸菜甕總理　羅光烈　楊英華 | |
| | | 大湖口總理　葉呈華 | |
| | | 大溪墘總理　吳德輝 | |
| | | 波羅汶庄總理　黃錫蘭、張清榮 | |
| | | 楊梅瀝、頭重溪總理　邱殿安 | |
| 竹南一保 | 保長 未充<br>鄉長 王青山 | 中港街總理　葉春魁 | |
| | | 頭份庄總理　謝煥光 | |
| | | 後庄總理　徐琳盛 | |
| | | 三灣庄保長　王者亨　總理 黃國霖 | |
| 竹南二保 | 保長 劉保興<br>鄉長 王青山 | 後壠街總理　杜和安 | 五湖庄紳董賴志達 |
| | | 貓裏街總理　謝鎮基 | |
| | | 六大庄總理　徐佳福 | |
| | | 蛤仔市總理　張煥彩 | |

〔註78〕黃國峯，〈清代苗栗地區街庄自治組織的設置與發展〉，頁97～98。

| | | | |
|---|---|---|---|
| | | 雙連潭庄總理　吳軋德 | |
| | | 銅鑼灣庄總理　李滄玉 | |
| | | 樟樹林庄總理　吳金生 | |
| | | 鴨母坑庄總理　彭清祿 | |
| | | 頭二三四湖總理　陳振綱 | |
| | | 圭隆庄總理　彭繼生、黃永芳、吳阿三 | |
| | | 三叉河總理　楊德友、李德龍 | |
| 竹南三保 | 保長　蔡朝陽<br>鄉長　沈士生 | 吞霄街總理　張鳳岐、黃有陞 | |
| | | 白沙墩庄總理　陳明元 | |
| | | 宛里街至房里總理　陳金源 | |
| | | 日北山庄總理　陳振文 | |
| 竹南四保 | 保長　陳有寬<br>鄉長　蔡先明 | 大甲街總理　　梁克忠、謝玉麟、王朝棟<br>　　　　　　王崑崗、蔡學禮 | |
| | | 內埔庄總理　陳王爵 | |
| | | 墩仔腳庄總理　張貽謀 | |
| | | 大安港總理　黃片 | |

資料來源：淡新檔案校註出版編輯委員會，《淡新檔案（三）》，編號12213.4，頁148～149。

　　關於總理名額方面，綜觀《淡新檔案》，每個總理轄區約有1～2名總理，較少的轄區則有多名總理。總理名額的多寡主要來自公事浩繁的程度，而對總理的需求又實自地方的反應。從《淡新檔案》的紀錄來看，官府並不特意要求民間增設總理名額，換言之，只要地方寧靜，又有總理或其他職員能出面承辦各種公務時，總理增設並非官員所考慮。以竹南四保為例，大甲街庄總理區必須管轄一街四十九庄，其人口與規模遠過於苗栗各地的總理轄區，因此人多事繁，總理的名額也多於其他地方。如同治十一年（1872）的總理清冊，當地總理就有五名之多。光緒九年地方具稟之文便可見地方對總理的需求情形，其稟：

> 大甲自前憲劉給戳充當總理協辦公事，迨至去年間，總理李呈祥、
> 沈文鋒相繼而亡，現恃未有總理，不惟公事乏人辦理，抑且地方無
> 人保防，雖蒙批准充當蔡廷瑞，無如大甲土宇備極彈丸，公事尤甚
> 浩繁，而且淡彰交界冬防一切，辦理更不可無人，誠恐蔡廷瑞一人

難以分身。材等爰是邀同商議，公舉妥人辦理，以防不測。〔註79〕
促使地方公舉總理的原因其實是來自先前總理一人無法再分身辦理多防，因
而再舉舊總理王公平之子王文學充當總理以辦理公務。另外，有些地方也有
總理懸缺的情形，往往等至官府公務下達時，才正式公舉總理以專責成。比
如光緒十三年清政府執行清賦政策時，便有新埔街庄以及大溪墘等庄總理亡
故懸缺，地方自行公舉總理，未能及時向官員稟明驗充的狀況發生，該二地
後因清賦公務需總理辦理時，才以「地方遼闊，人煙雜處，又值清賦之際，
不可約束無人」向官府進行驗明報備。〔註80〕由此可見，官員對地方總理的
掌握仍不甚明確，而這也說明有些地方並不急需總理管理事務，往往等至公
務乏人辦理時，才向官府稟明情況。

　　最後再根據此清冊作更全面的檢視（全淡水廳），即可觀察到各保地保
（保、鄉長）最多皆只設置 1 名，然而總理者則有數倍之多，總和全淡水廳
總理更有 112 名（見表 2-2），這說明了北部臺灣的縣級以下行政，主要是由
總理負責基層政務，同時意味著地方政府已無法再單靠地保來控制廣大並日
益複雜的地方社會。

表 2-2　同治十一年（1872）淡水廳各保總理人數

| 保　名 | 丁　口 | 保長（人） | 鄉長（人） | 總理（人） | 備　　註 |
|---|---|---|---|---|---|
| 竹塹首保 | 8,523 | 0 | 0 | 5 | 南門、北門總理懸缺 |
| 竹南一保 | 12,382 | 0 | 1 | 4 | 保長未充 |
| 竹北一保 | 18,932 | 1 | 1 | 8 | |
| 竹北二保 | 17,460 | 1 | 1 | 10 | |
| 竹南二保 | 14,158 | 1 | 1 | 14 | |
| 竹南三保 | 8,732 | 1 | 1 | 5 | |
| 竹南四保 | 13,130 | 1 | 1 | 8 | |
| 桃澗保 | 25,724 | 0 | 0 | 12 | 中壢街總理懸缺 |
| 海山保 | 16,342 | 0 | 0 | 5 | |
| 大加蚋保 | 23,683 | 1 | 1 | 8 | |

〔註79〕淡新檔案校註出版編輯委員會，《淡新檔案（三）》，編號 12222.1（光緒九年
　　　九月二十三日），頁 195。

〔註80〕淡新檔案校註出版編輯委員會，《淡新檔案（三）》，編號 12232.1（光緒十三
　　　年閏四月初五日）、12234.1（光緒十三年九月初六日），頁 224、229。

| | | | | | |
|---|---|---|---|---|---|
| 拳山保 | 14,989 | 1 | 1 | 7 | |
| 擺接保 | 26,917 | 1 | 1 | 5 | |
| 石定保 | 6,341 | 0 | 0 | 2 | |
| 興直保 | 16,466 | 1 | 1 | 3 | |
| 八里坌保 | 11,574 | 1 | 1 | 4 | |
| 芝蘭一保 | 12,563 | 1 | 1 | 1 | |
| 芝蘭二保 | 7,980 | 1 | 1 | 3 | |
| 芝蘭三保 | 15,808 | 1 | 1 | 5 | |
| 金雞貂保 | 11,359 | 1（金包里保） | 0 | 2 | |
| | | 1（雞貂保） | 0 | 1 | |
| 總計 | 2,83,063 | 15 | 14 | 112 | |

資料來源：淡新檔案校註出版編輯委員會，《淡新檔案（三）》，編號 12213.4，頁 148
～152；陳培桂，《淡水廳志》（臺北：文建會，2006 年），頁 170～171。
說明：淡水廳各保丁口資料來自道光二十一年（1841）淡水廳同知曹謹的編查統計。

## 第三節　總理的社會地位

　　清政府重用總理的過程，反映官治力量的薄弱，並已無法有效的治理廣大街庄，於是官員開始倚靠總理，讓其協助官府管理地方，成為當時治臺的關鍵環節。因此，官府設立總理的基本精神，乃是授權地方領導人物處理公務之職權，並藉此增強官方對民間領導人物的控制與要求，以強化政令執行與安定地方之目的。〔註81〕然此過程，清政府讓這些「自然菁英」轉變為「法定菁英」，讓他們擁有合法性的街庄管理權力，並提高其身份地位，加諸社會責任，期待他們能保護地方，同時防止這些權勢者投入民變、械鬥。

　　臺灣科舉紳士尚未崛起之前，地方社會多是由豪強之士領導，故擔任總理者，經常是為地方富戶，或具有威望的領導人物。隨著地方發展與社會結構不同，總理的出身也呈現多元的狀態，綜觀史料，充任者多有墾戶、地主、商人、以及具有功名監生和生員等下層士紳。這些權勢人物在地方上都具有影響力，自然擁有一定的社會地位。不過，雖然總理的出身並不低微，但其地位卻顯得日益衰落。在道光初期總理的身份算是相當顯要，但到了臺灣後

〔註81〕蔡淵洯，〈清代臺灣基層政治體系中非正式結構之發展〉，頁 107。

期士紳階層的形成，許多一流的地方人物便不屈就總理這種地方職位。總理
在官、民之間的地位便低於士紳，也因此在許多地方，士紳逐漸崛起成為主
要領導人物。〔註82〕不過，究其原因總理地位的日益低落，除了原本的權責
僅為地方性質外，最根本的原因是來自日後官員視其為「役」，〔註83〕讓有身
份的人不再願意擔任，同時也導致總理素質的低落，職位已不如以往。

　　總理在道光年間得到官員的倚重，快速地被官員廣佈於地方社會，其地
位頗為穩固，即使總理有陽奉陰違的舉動，上級官員仍然特意拉攏、勸誡，
並給予頂戴榮身與特權行事，更提供總理與官員交流的管道。在基層行政程
序上，地方官員也另眼看待，視總理職為「缺」，官命總理辦理事務，均以
「諭」的形式，有別於差役及地保用「單」、「票」、「籤」等形式；又總理稟
報於官可用紅稟，不遵狀式，無須用「狀示紙」，〔註84〕又不必經過代書，
訴訟則可抱告為之。〔註85〕總理在道光年間的地位與重要性，從陳盛韶的記
載便可得知，《問俗錄》：

> 經理各庄謂董事，統理數庄謂總理。皆有廳縣親筆畫押官戳，得以
> 紅稟呈事，不遵狀式。一縣官戳不下數百，而總理尤尊，官臨鄉，
> 迎於道左，公館竭見，分庭抗禮，抵掌談民間事。其中有頭戴金頂
> 者，何也？曰：總理能辦事，某鎮道給也。有煌煌然戴六品碌碡頂
> 者，何也？曰：總理能招義勇禦賊，某總督、某將軍給也。除貢監
> 生員外，一縣頂戴又不下數十人，蓋久矣，流品混淆，清濁不分矣。
> 鄉愚皆耳而目之，震而驚之。〔註86〕

由此可知總理在道光年間特意被閩浙總督、福州將軍等上級官員所拔擢，並

---

〔註82〕然而，筆者後文的個案討論，將說明吞霄街庄長期以來主要是由總理來領導
　　　　地方，雖然他們曾立下功勞，擁有軍功士紳的身份。不過他們發揮影響力的
　　　　關鍵，仍是倚靠總理這樣的身份。

〔註83〕總理雖然日後地位逐漸低落，但是在某些遠離縣治以及士紳階層不盛之區，
　　　　總理仍然保有相當的權勢與影響力，關於這個部份，筆者將在之後的章節選
　　　　定吞霄街庄總理做為討論個案。

〔註84〕紅稟原則上是下級對上級有所請求的呈文，一般平民不得擅用，呈文無字數
　　　　限制，這樣的考量可能來自總理需稟報各種事物，可請楚將下情上達官府；
　　　　而狀示紙則有字數的限制，呈詞不得超過三百字，並要按照格式書寫，還必
　　　　須有副狀與代書的戳記。吳俊瑩，〈臺灣代書的歷史考察〉，國立政治大學歷
　　　　史研究所碩士論文，2007 年，頁 37。

〔註85〕戴炎輝，《清代臺灣之鄉治》，頁 23。

〔註86〕陳盛韶，〈總理〉，《問俗錄》，頁 81。

且備受廳縣官員禮遇，其原因即來自總理於地方社會的影響力，特別是在社會動亂時能招勇禦賊，以鞏固清政府的統治，而享有頂戴與特權榮耀其身。當時總理不僅與廳縣官員有著密切往來，「分庭抗禮，抵掌談民間事」，更是顯見總理的權勢之大，其看法建議也能上達於官府，為地方發言或保舉人才。如戴潮春事件中原本追隨丘日覲勦賊卻後來反叛並攻陷數地的林日成，當初就是由金萬安總理林明謙所推薦。〔註87〕另外，總理與廳縣官員的往來也帶給他們擴充權勢與濫用職權的機會，有時候官員基於治理（亦或自己的利益）的需要，必須與總理等地方權勢人物互通一氣。例如，淡水廳同知龍大惇曾在任職時向艋舺街的總理與三重埔董事索取自己所需要的匾額，事後龍大惇因舞弊等案件被調查。據兩位總理的供詞，是因為他們在涉入訟案時，經龍大惇的「公平斷案」後而心存感激，因此分別製送「化行俗美」與「秋水長天」兩面匾額，一面還懸掛在艋舺的公館，〔註88〕龍大惇向總理索匾的目的不外乎是用來歌頌自己的地方治理，其間與總理的交往更非單純。

需要提及的是，官府對總理的倚重，起初並非是來自廳縣官員的嬌寵，而是上級官員在道光年間擴大總理職權的結果。也就是說，臺灣自乾隆年間以來嚴重的械鬥問題，常致使地方官員無法及時弭平動亂，只能坐視動亂蔓延，往往需從中國派兵渡臺平定動亂。這樣的歷史契機造成總理權力的擴大，並且被廳縣級以上的官員認為是治理良策，因此總理備受官員青睞，有時其派頭更是躍於地方父母官。吳子光就認為臺地「總董之權重如州縣」，〔註89〕為當時嚴重的弊端。

總理非能實力奉公的情形，也是當時官員普遍認為的現象。如在張丙事件中，就有當地總理不出面抗賊的事例出現。陳盛韶就認為全臺真正能持正奉公的總理，僅為百中之一，其又「薄總理不為，官給以職，勉受之而已」。雖然如此，陳氏認為臺灣廳、縣管轄地區廣闊，政務繁多，設置總理乃是治理臺灣重要之環節。換言之，總理之設仍不得不為。其載：

> ……變亂黑白，武斷鄉曲，假公濟私，皆總理也，弭盜安良，非其
> 所能。不然，嘉義之亂，守令遇害，其店仔口一帶，賊僅六七十人，

---

〔註87〕吳德功，《戴施兩案紀略》，臺灣文獻叢刊第47種（臺北：臺灣銀行經濟研究室，1959年），頁5。

〔註88〕臺灣銀行經濟研究室編，《清奏疏選彙》（臺北：臺灣銀行經濟研究室，1968年），頁64～72。

〔註89〕吳子光，《臺灣紀事》，頁76。

> 何無一總理出而護衛官長者乎？然則臺遂無正總理耶？曰：有。不
> 過百中之一，彼亦薄總理不爲，官給以職，勉受之而已。考〈周官〉：
> 閭胥掌觵撻比長，禁奇邪。臺灣廳縣管轄廖廓，事務殷繁，總理之
> 設，誠治臺之要法，然必地方官正本清源以服之，聽言觀行以擇之，
> 賞善罰惡以制之，則正人必出。官正於上，總理持正經理於下，匪
> 類無所容身矣。〔註90〕

上文中所謂的「官給以職」的句子頗具玩味，可見官員對於總理的身份認同
徘徊在「鄉職」與「鄉役」之間，然地方權勢者亦有輕視總理爲「役」，而不
願擔任的現象。

　　道光末年以來，部分廳縣官員視之爲役以傳呼當差。如此一來，良善殷
戶者自然不願受此對待，於是引來心術不正之徒競相充任。這樣的狀況引起
上級官員注意，囑咐廳縣官員不得如此對待總理，需禮貌優待，才能讓正人
來擔任總理。杜彥士，〈通籌臺灣利弊以靖海疆疏〉，載：

> ……乃近來官視之與差役等，甚且差役叱罵之，家丁肆辱之，於是
> 潔身自愛者，不肯充當。其充當者，皆非安份之徒，遇事生風，勾
> 通胥役，魚肉小民，此善政所以轉爲苛政也；應請敕下該督、撫轉
> 飭該廳、縣，嗣後保舉總理董事，務擇公正誠實、眾所推服之人，
> 報官承充。該廳、縣以禮貌優待，不使與下役爲伍，亦不以他事傳
> 呼當差，鄉里有竊劫盜賊，該總理董事一經訪聞，立即報官，派委
> 幹役，幫同緝拏。如該總理董事，任勞任怨，於本保本里，查出盜
> 賊三名以上者，官給獎賞，或查出鄰境盜賊者，加倍獎賞。其不能
> 認真稽察，並生事擾民者，立即黜革。如此懲勸兼施，人人皆樂於
> 報效，而地面可期肅清矣。〔註91〕

　　雖然上級官員認爲禮遇總理才能從地方選用出可以信賴的人員來處理基
層事務，不過在同治年間總理仍然有被等同於地保（在官人役）的傾向。如
同治五年，淡水廳竹南二保銅鑼灣等庄的地方人士在上稟保舉新的總理人選
時提及：原處總理曾福隆因年老難以勝任，並移居到別處，以致總理懸缺，
尚未舉充。淡水廳同知嚴清金即批示：「曾福隆身充總理，乃在官人役，果有

---

〔註90〕陳盛韶，〈總理〉，《問俗錄》，頁81～82。
〔註91〕臺灣銀行經濟研究室編，《道咸同光四朝奏議選輯》（臺北：臺灣銀行經濟研
　　　　究室，1971年），頁21。

移居別處，何以不先稟請另舉接充，竟然來去自由，以致役缺懸曠，所稟果否屬實……。」〔註92〕

又如同治十二年（1873）淡水廳同知陳星聚的示諭，也指出總理與鄉保（地保）漸被等類齊觀，總理素質依舊低落。其諭示道出如此的隱憂與弊端：

> ……自有給諭給戳之舉，衙中不免需索，將總理與鄉保，逐等類而齊觀，以致正人不願廁列其間，多係無賴之徒，費錢請充，於是紳者受其費而濫爲稟舉，丁役得其費而允其充當。該總理既因花費而得，難保不取償於民，凡遇民間爭訟，無不納賄，純以私心任事，偏抑苛求；凡遇貧窮之家，偶有命盜案件，總理無處索財，即置不理，或竟收受匪類陋規，縱令漏網，遂使總理名目，變爲武斷之資。言念及此，殊非慎重公事之道，合亟示諭。爲此示，仰闔屬紳耆軍民諸色人等知悉：嗣後如有該處總理缺出，務須擇立公正端方，爲該地紳民同心推重之人，具稟保充，由本分府親自發給諭戳，不准丁役需索分文，庶總理藉此自愛體面，秉公辦事。倘有已充總理膽敢貪婪罔法，不顧名節，不敦品行，准該地公正紳民，據寔稟請革究，以期鄉有良人，可以爲民間解紛排難，可以助衙門緝匪保民。自諭之後，再有混將無稽游民及行爲不端，人所嫉惡，只以有費，遂予舉充者，一經察出，或被指告，定連稟舉之紳耆人等，一并究辦，決不姑寬。該總理果能寔心奉公，與民有益，則本分府亦當另眼相看，愛之！重之！行將過門式閭，斷不輕視之也。其各謹遵，毋違。特示。〔註93〕

陳星聚的示文表明出幾個問題。首先總理剛設立時是不給戳記與諭帖，至少淡水廳是如此狀況，而給諭戳之舉，除了說明官府所賦予的國家權力外，可能也意味著總理的設立是由非常設走向常設化的過程；其次，陳星聚從另一個的角度說明正人不願擔任總理的原因是來自衙門胥吏差役在給諭戳之時趁機需索，而不正之人則花錢打通關節來擔任總理，其結果便向轄內人民收賄索財，魚肉鄉里。然而，更加嚴重地是原本官員設置總理來團結村落防禦緝匪的目的，在這些人擔任後便遭到破壞，如文中所提，總理收授匪類規費進而

---

〔註92〕淡新檔案校註出版編輯委員會，《淡新檔案（三）》，編號 12206.1（同治五年十二月二十日），頁 109。

〔註93〕淡新檔案校註出版編輯委員會，《淡新檔案（三）》，編號 12301.5（同治十二年十二月初三日），頁 259～260。

包庇。因此陳星聚認為其弊端源自於以往給發諭戳皆是由差役下鄉授予，才使差役得以向總理需索，陳星聚為杜絕其現象，改為親自發給。然而雖然陳星聚有心選用總理，但是人去政息，之後淡水廳仍有由差役代為給戳的案例。

　　總理的社會地位低落除了來自廳縣官員逐漸有視為在官人役外，存心不良的總理本身對地方的禍害也造成士紳與其他權勢人物抵抗。例如同治十二年（1873），淡水廳職員林汝梅、鄭如梁、舉人吳士敬以及郊舖金長和等就對總理的弊害向廳縣官員提出立碑禁革，〈嚴禁地方惡習四端碑記〉：

> 禁誣良為盜。各庄設立總董，原以捕盜衛民；如遇明火搶刼重案，當時袖手旁觀；並不圍捕，復敢誣良為盜，任意詐索，是衛民轉以害民。即與強盜同科，猶不足以蔽其辜。嗣後，遇有盜賊明火搶刼，該管總董、鄉保亟應立時圍捕，如能獲賊解辦，所有衙門一切使用免費分文，本分府另當酌量獎勵。倘有書役索討規費，准予指名稟控；如再臨時袖手不拿，事後誣良索費，定即按照強盜律治罪。至當場格殺賊犯，報官往驗；倘有胥役藉端需索，併提究處。〔註94〕

可見，總理地位日益低落的主要原因乃是部分官員的輕視以及個人操守的敗壞，於官於民，皆難被敬重。不過仍有總理積極投入地方建設，被民人敬為「鄉賢」。總之，總理所擁有的官方威勢與權力，以及高於平民百姓的地位，仍是吸引地方各種人物來充任。

# 第四節　九芎林姜家的個案

　　一些地方上的重要人物，可藉由總理的職位與地方官員密切往來，而獲得重用的機會，常見的是擁有武力的總理常帶領壯勇平亂立功而受賞軍功，於是總理成為一條能向社會上層流動的途徑。不過某些真正有權勢的人，又或因當地尚有其它勢力與重要士紳時，使得總理地位不高，因此他們並不會低下身段來擔任總理，他們僅管可透過「地方選舉」，來安排眼中適合的人選來擔任這個職務。在此，舉一個在新竹地區很有名氣的姜秀鑾家族來作說明，藉由這個家族的討論，可以幫助我們釐清與說明幾個現象。

　　姜秀鑾，其曾祖姜朝鳳於乾隆二年（1737）由惠州府陸豐縣遷至淡水廳

---

〔註94〕何培夫主編，《臺灣地區現存碑碣圖誌補遺篇》（臺北：國立中央圖書館臺灣分館，1999年），頁207～209。

紅毛港，從事土地開墾。姜秀鑾的祖父姜勝捷則在乾隆四十年代與三個兄弟遷居至九芎林開墾，[註95] 從姜勝捷遷居以來，姜家已累積一些資產，在道光十二年姜秀鑾與其弟姜首福的鬮書裡記載，「承父所遺僅有屋前之田、屋後的山菓等項，餘者數處之田併山□等業」，並在街上開店生理，不過也積欠別人上千銀兩。[註96] 雖然此時的姜家並不能稱上富裕，但是姜秀鑾於嘉慶年間在當地已頗具影響力，他曾在嘉慶二十幾年與竹塹社土目錢茂祖共同阻止棍徒斬鑿當地龍脈。[註97] 此外，道光年間也開始與官府胥吏往來，一份道光四年（1824）的契約，說明姜秀鑾等人在此時分別以110圓幫額設糧總何平湊得公費，成為其中的一個股夥，每年有利息可分得。[註98] 數年後，姜秀鑾擔任九芎林總理，協同衙門緝捕盜匪。值得注意的是，在這段期間姜秀鑾曾立下一份契字，全文如下：

> 立仁義約字人姜秀鑾，切聞金蘭雅愛，昔人多稱乎雷陳，輕才重義，吾人每羨于管鮑也。望風懷想，誠欲效古人于萬一。念鑾上年來承憲舉克為總理巨任，奉公辦務，解難排怨。莫奈庄事多端，受投甚眾，得蒙賴招官，情深滄海、義重邱山，協力相扶，同心照應，並且一切需費代行支銷，應答公私，已為使用。故書云仁人知己顧義，而不顧利，信不虛矣。兼鑾尚有欠人些小，又感籌畫妥議，叶借清還，免久積重。迄已雖非豐厚，亦得清高，家無遺索之客。轉付招官，原積無幾，為義累缺。遡古追今，寔難多覩，是茲願訂，志同金石，義永山河，一日之穀氣既孚，終身之肝膽無異。自今以後，在鑾倘得順利營謀穮積餘資，獲買置田園，抑係新開庄業，甘願參份均分，招官得壹，鑾分得貳，以酧仁義，以表深情。庶見，義將義報，共享同華，亦昭千古知心，不同鏡花水月。此係兩相情願，均無抑勒，恐口難信。立仁義約字，付招官收执存照。

代筆人書人　　古日新

在場見人　　　何求

道光拾肆甲午年拾壹月貳拾日　　立仁義約字人　姜秀鑾 [註99]

〔註95〕吳學明，《金廣福墾隘研究（下）》（新竹：新竹縣文化中心，2000年），頁12。

〔註96〕〈立分家鬮書字〉，道光十二年三月，吳學明老師提供。

〔註97〕邱秀堂，《臺灣北部碑文集成》（臺北：臺北市文獻委員會，1986年），頁33。

〔註98〕該份道光四年的契約內文，請參見連瑞枝、莊英章，〈從一張古契談清代臺灣基層稅收組織的運作〉，《臺灣風物》卷46期1（1996年3月），頁200。

〔註99〕〈立仁義約字〉，道光十四年十一月，吳學明老師提供。

這份契字說明總理在國家不支薪的情況下，總理姜秀鑾辦理庄務時必須花費自己的錢財。不過，儘管如此，總理卻能透過國家賦予的合法性來從事基層政務，間接地累積名望與風聲，並從中取得酬報。比如姜秀鑾在這段期間頗具聲望，能力也受到肯定，地方人士就曾在番害嚴重的員山南重埔一帶開墾，碰到起造隘寮與招募隘丁、鳩派隘糧及築開坡圳、建造庄屋、設立庄規等問題上，缺乏有力之人辦理時，邀請「為人正直秉公」的姜秀鑾前來助辦，並將原本十二股的田業，多增一股予其為「辛勞之業」。〔註100〕此外，擔任總理的姜秀鑾又得到難得的機會由原本的根據地九芎林更深入山區開墾，其契機來自道光中葉竹塹東南地區的開墾漸入番境，墾民因生番經常出沒侵擾，自始難以深入開墾。於是淡水同知李嗣鄴諭命姜秀鑾與同樣擔任總理的林德修（竹塹西門總理）設法籌備資金開墾東南荒埔，又於擔任總理時奉淡水分府曹謹的命令，帶領精練鳥鎗的壯勇成功捕獲英國船隻、士兵，受封七品軍功職銜。〔註101〕

姜秀鑾雖然離開九芎林轉進東南山區設隘開墾，但依舊擔任九芎林庄總理至老邁，後由其侄姜殿魁擔任，原因來自姜秀鑾的操守與在擔任總理期間所累積的影響力，一件稟文稱：「自上年開墾以來，前經僉舉姜秀鑾充當總理公正勤勞，名譽顯赫，迨鑾年老，經眾再舉鑾侄姜殿魁接充總理」，然姜殿魁也不負地方所托，還因約束地方最為安靜的功勞，受到知府的獎賞而賜給「義衛鄉閭」匾額。從史料中總理受賞匾額的案件相當稀有，如果按照婁雲訂下的規則來看，姜殿魁需使轄內村庄在三年內無爭鬥、竊劫、搶擄，與佔地、抗租、毀焚等事才行，由此看來姜殿魁的確有能力約束庄眾。也因此，姜殿魁之子姜榮椿在光緒二年（1876）也被地方推舉充任總理，地方人士稱他「其生平正大光明，志足以繩其伯祖，才足以繼其父兄，兼有身家，眾皆悅服」〔註102〕可見姜家在此的威望與能力，因此被地方推舉為總理。

總理雖然被視為為鄉治組織之首，但墾戶在「墾界內」也擁有與總理一樣有著相差不遠的職務與地位。如墾首為開墾活動的策劃者，除了掌握經濟優勢外，官府因懼其墾區成為窩藏匪類之地，乃責成墾首管束所屬佃戶、隘

---

〔註100〕〈立邀請助辦份約字〉，道光十三年十二月，吳學明老師提供。
〔註101〕〈姜殿邦敘獎抄稿〉，道光二十二年六月，吳學明老師提供。
〔註102〕淡新檔案校註出版編輯委員會，《淡新檔案（三）》，編號12217.2（光緒二年五月十三日），頁164。

丁，以及巡防界內等治安維護之工作，〔註103〕另外也得配合官府編造保甲、捕犯解案等臨時性公務。〔註104〕光緒十三年（1887）新竹知縣方祖蔭曾言簡意賅的說出兩者之間的差異：「至姜紹基是金廣福墾戶。所有卑轄後山之有墾戶，猶前山之有總理；遇有公事，責成照辦」〔註105〕換言之，方祖蔭認為其差別即在墾界之間的區分。不過，筆者認為方祖蔭強調的是，墾戶與總理（單獨或共同）皆須出面維護轄區治安，與協助官府執行地方行政。總理與墾戶的職務雖略同，但總理需統領其他街庄並擔負聯庄之責，因此仍有差別。

依照方祖蔭的說詞，似乎金廣福所開墾的大隘北埔一帶，並無設置總理，但事實上該地仍有總理之設。光緒十二年（1886）北埔地方鄉紳等人保結何廷輝充當北埔庄總理的案件，可提供我們更深入討論墾戶與總理之間的差別（至少在這個地方）。

此案為地方僉舉總理人選，據北埔地方鄉紳稟稱：大隘北埔等庄向來各庄的大小公務，都由墾戶金廣福秉理，並設有何、黎、邱等總理互為幫辦。不過在其陸續過世後，也尚未接續舉辦。在這期間，地方公務由墾戶周懋祥一人經辦，但在周懋祥身故後，乏人承辦，於是「各庄所有緣事，欲行投辦者，咸苦于排解無人」〔註106〕而具稟向知縣准飭辦理總理選舉。由此可見，在金廣福開墾的墾區，總理只是幫辦，而至亡故沒有總理的情況下，因墾戶也熟悉公務，墾戶的作用可等同於總理，故仍由墾戶主理地方公務。之後知縣方祖蔭的處理更是說明姜家的地位：他認為這份聯名保結的稟文中少了金廣福墾戶姜紹基的印戳，因此批示：「應否添設總理之處，候諭飭金廣福墾戶姜紹基等查明，稟覆核辦。結狀暫存」〔註107〕，至姜紹基稟覆：「夫此何廷輝在昔原係基館內辦事之人，公事頗為諳練，為人正直，今眾議舉為總理，與基等幫辦諸務，亦甚妥當。勢得據情稟叩仁憲大老爺給發論戳，准予承辦」〔註

---

〔註103〕蔡淵洯，〈清代臺灣基層政治體系中非正式結構之發展〉，頁99。

〔註104〕戴炎輝，《清代臺灣之鄉治》，頁106～107。

〔註105〕淡新檔案校註出版編輯委員會，《淡新檔案（十三）》（臺北：國立臺灣大學圖書館，2001年），編號17110.15（光緒十三年六月十八日），頁56。

〔註106〕淡新檔案校註出版編輯委員會，《淡新檔案（三）》，編號12217.2（光緒二年五月十三日），頁164。

〔註107〕淡新檔案校註出版編輯委員會，《淡新檔案（三）》，編號12231.1（光緒十二年十二月初二日），頁220。

〔註108〕淡新檔案校註出版編輯委員會，《淡新檔案（三）》，編號12231.4（光緒十二年十二月初八日），頁222。

108）得到姜紹基的查明保結後，方祖蔭才准其擔任。從這件總理舉充案，可看見姜家在大隘等地區是地方的實質領袖。總理亡故不及時補舉的層面上，地方是認為其職能有熟諳公務的墾戶也可辦理，因此可以看出官員順應地方的權力結構作出適宜的調整，地方公務唯金廣福承當是問。

透過對姜家的討論，可以說明幾個問題。首先，姜秀鑾在其任內為了解決地方糾紛，如果不收取辦事之酬勞，那麼就得需要私下支出費用，這或許可以累積個人的聲望，並且得到庄民的支持，逐漸建立起人際關係與影響力。其次，姜秀鑾因能力卓越與為人公正的操守，讓他被官府賞識與有交流的機會，而在鄉閭中姜氏也備受肯定，即使離開九芎林後，其侄兒也被推舉充任（諸如這種親族延續總理職務的例子，在北部臺灣屬常見之現象）。最後，總理與墾戶事實上並無上下隸屬的關係，但由強大的金廣福組織則可看出當地鄉職人員的權力結構仍有明顯不同。

# 第三章　吞霄街庄總理轄區的形成

　　爲了深入探討總理於國家與地方社會的作爲，因此必須以一個總理轄區來作個案討論。〔註1〕選擇吞霄街庄總理轄區爲研究個案的原因，在於吞霄的總理一直是執行吞霄地方政務的首要人物，並且多項資源也被總理所把持，是值得觀察的個案。本文所謂的吞霄地區是指道光年間吞霄所建立的聯庄區（吞霄十三庄）。首先將概述吞霄地區的歷史背景，藉由自然環境與人文景觀，充分了解該區的地方資源，以利進行對總理的各項考察。其次，探討吞霄社與漢人開墾的關係。最後則討論吞霄街庄總理轄區如何形成。

## 第一節　吞霄地區的開發背景

### 一、地形、水系與氣候

　　通霄鎮位於苗栗縣西南方，東鄰銅鑼、三義兩鎮，西濱臺灣海峽，南爲苑裡鎮，北方、東北方分別與後龍鎮、西湖鎮相連。境內地形包含丘陵、臺地，以及沙丘海岸三種；全境以丘陵爲主體，地勢由東向西部海岸傾斜，約占整體面積三分之二，屬於苗栗丘陵的一部分，其餘爲平原、臺地與西部海岸地帶的風成沙丘。〔註2〕

---

〔註1〕 誠如戴炎輝所言：「街庄政的實際運用，宜以總理區爲中心述之」。戴炎輝，《清代臺灣之鄉治》，頁112。

〔註2〕 中華綜合發展研究院總編纂，《通霄鎮志》（苗栗：通霄鎮公所，2001年），頁4～6；洪敏麟，《臺灣舊地名之沿革　第二冊（上）》（南投：臺灣省文獻委員會，1999年三版），頁255。

　　吞霄境內最主要的水系為南勢溪流域，其流域面積 79.88 平方公里，占約今日通霄鎮四分之三的面積。南勢溪流域分為南北二支，發源自火炎山脈西麓的保安林，南支稱南勢溪：由南和溪與土城溪於圓山下竹圍會合後始稱；北支為通霄溪：烏眉溪與楓樹溪會合於鴛鴦池附近後稱內湖溪，北勢窩溪與內湖溪於番社一帶會合後，流至不遠處與圳頭溪來會，稱通霄溪。南北二支河流於通霄街南處的通霄溪交會，往西流入臺灣海峽。其它尚有內湖溪、隘口寮溪、水尾溪等溪流。而通霄的農業精華地帶，即為南勢溪兩岸的河階臺地、北勢盆地，與內湖盆地等。〔註 3〕整體而言，地勢多山嶺，僅在沿河與沿海地帶有狹小的平原。吞霄的地形影響著其聚落的分布，《苑裡志》〔註 4〕就記載：「苑裡界內近山者則於層巒疊嶂間，村居錯雜；濱海者亦於亂石飛沙際，散處零星。惟近大路之巨村、經大路之街市，人煙湊密……」〔註 5〕由此可知，竹南三保的大型村庄皆聚集於南北官道上，其街市將成為聯庄區的中心，清代總理則多居住於發達的街市或鄰近的村庄。

　　在氣候方面，吞霄地區屬副熱帶季風型，冬季多東北風，夏季多西南風，全年平均溫度約在 22 度上下，最低溫度為一月份的 14 度左右，最高溫度則在七月份的 27 度左右。雨量方面則約在 1,200 至 1,400 公釐之間，屬於本島雨量稀少區，降雨則集中在五、六月的梅雨季節，十月至元月則是雨量較少的月份。〔註 6〕在清末，吞霄的氣候狀況與北臺灣略同，《苑裡志》載：

　　苑裡近臺灣北邊，其氣候，故與新竹、臺北同。暑重寒輕，木葉少脫，而多四時不謝之花，洵勝景也。春多陰雨，聞雷立至。未驚蟄先聞雷，則當陰雨四十九天；多奇驗。夏間，暑氣每多鬱積。火燄山雲罩，則雨隨之；然為西北雨，則易晴，惟須連發三午而已。涼秋，則雨少風多，其威甚烈，飛沙掃塵，十步內不能見面；近海故也。雖嚴寒，未見積雪。年間，惟二、八兩月之氣候為最平和……。

---

〔註 3〕　中華綜合發展研究院總編纂，《通霄鎮志》，頁 6。

〔註 4〕　明治二十九年（1897）成書的《苑裡志》提供我們了解十九世紀末的吞霄。當時所採訪的地方為苑裡堡（苑裡堡，分為上下兩地，即為苑裡（上堡）與吞霄（下堡））。因此志書名所稱之苑裡，實為苑裡堡，而並非僅限苑裡一地。另外，在清代，吞霄與苑裡皆劃為同一保區，兩地之間的發展相當密切，因此本文也需對苑裡地區略作探討。

〔註 5〕　蔡振豐，《苑裡志》，頁 39。

〔註 6〕　施添福總編纂，《臺灣地名辭書 13 卷苗栗縣（上）》（南投：臺灣文獻館，2006年），頁 165；中華綜合發展研究院總編纂，《通霄鎮志》，頁 20～27。

## 圖 3-1　吞霄街庄總理轄區主要聚落圖〔註7〕

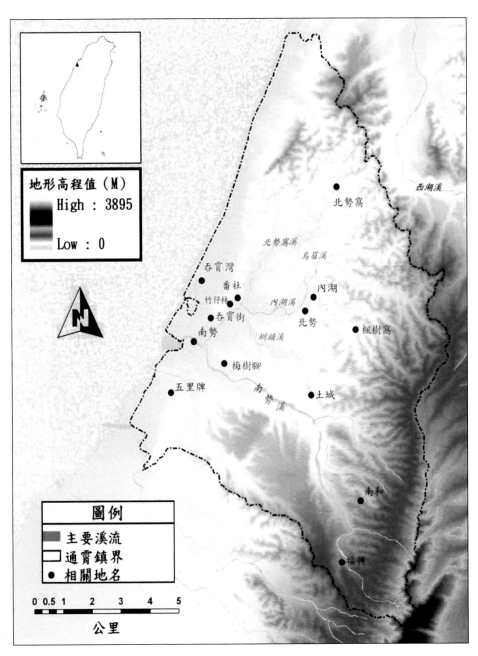

資料來源：李宗信協製

〔註 7〕 蔡振豐，《苑裡志》，頁 160～161。

圖 3-2　通霄鎮地形、水系圖

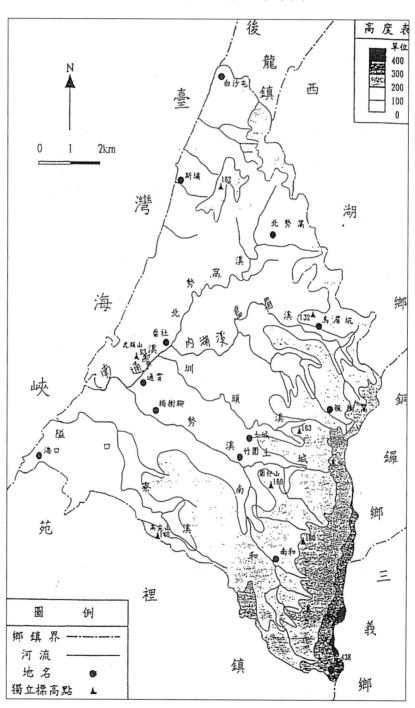

資料來源：中華綜合發展研究院總編纂，《通霄鎮志》，頁 7。

## 圖 3-3　通霄鎮衛星地圖

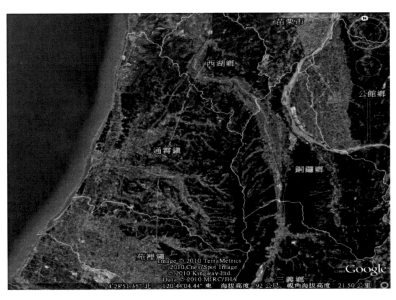

資料來源：google 衛星地圖系統

## 圖 3-4　清末吞霄二保圖（即竹南三保，繪制於光緒十九年左右）

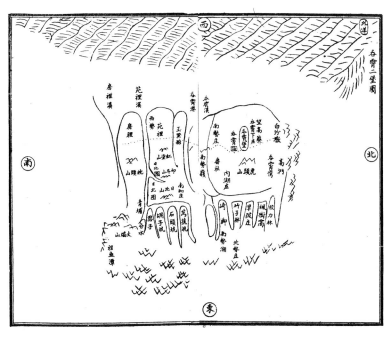

資料來源：沈茂蔭，《苗栗縣志》（臺北：文建會，2006 年），頁 106～109。

圖 3-5　清末苑裡堡總圖（即清治時期之竹南三保，繪制於昭和二十九年左右）

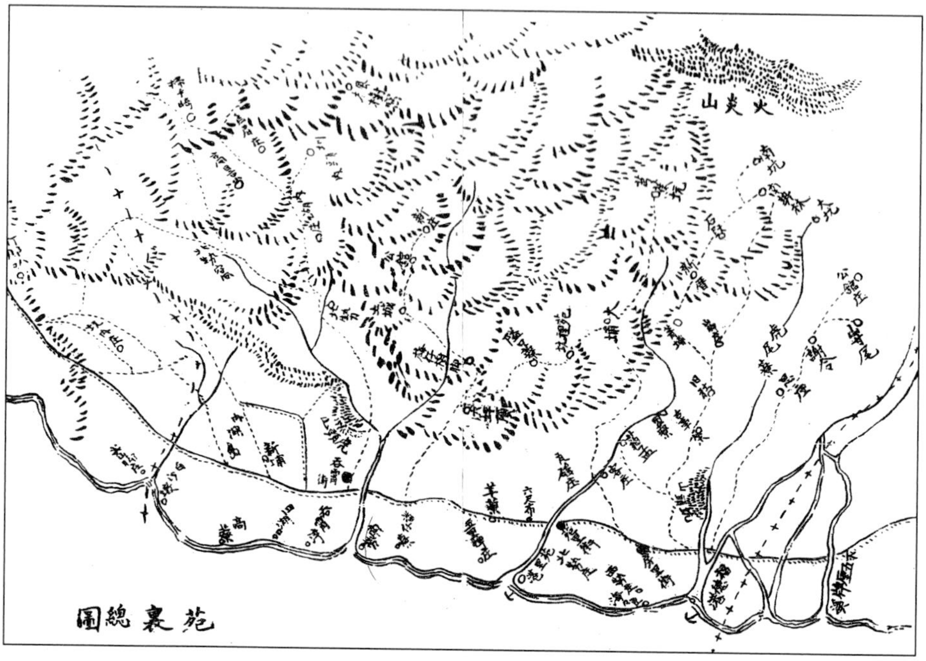

資料來源：蔡振豐，《苑裡志》，頁 2～3。

## 二、物產與港口

### （一）物　產

水稻為臺灣的主要農作物，來自閩粵的移墾漢人皆種植稻米出口獲利，因此荒地的開展，以種植稻米等經濟作物為主要選擇。然種植水稻的關鍵在於是否能開鑿埤圳以蓄存夏季豐沛雨量來灌溉田園，以及應付秋冬的乾旱期，以達成一年兩穫的稻作。不過，如前面所述吞霄之地形，因東山西海，其間又多為沙石之地，[註8] 原本肥沃田園就較它地略為短少，因此水利設施的完善影響吞霄的土地利用。

吞霄在水利興築方面落後同為一個里保的苑裡，後者因可引內山卓蘭溪灌溉田園，最晚在同治十年（1871）成書的《淡水廳志》時已記載築有水圳，

─────────

〔註8〕　通霄鎮居民稱境內主要河川通霄溪為「沙溪」（因河床鋪滿細沙）、南勢溪則稱之「石溪」（河床鋪滿砂石）。中華綜合發展研究院總編纂，《通霄鎮志》，頁6。

但是吞霄的水利設施則深受地形影響，當時並無記載有任何的水圳設施。再據十九世紀末成書的《苗栗縣志》，其平均每圳灌溉面積僅 20 餘甲，其規模遠遜於苑裡，可見當地土地較為貧瘠。

由此可知，苑裡與吞霄在行政上雖被劃為一起，但苑裡因水利發達，土地也較為肥沃，其田園少有水患之侵害，但吞霄一帶卻多為旱田的狀況：

謹按水之為利大矣哉！平原曠土無水，則田園不成；峻嶺深坑有水，則物產必盛。苑裏四圍沃壤，源遠流長，實少旱澇之患，其利甚溥。至通霄及白沙墩一派皆屬旱田，雖有一、二山坑泉水，亦短少不足以濟全冬。務必於山腰院底築高岸，而匯為池；幸而雨降陂盈，乃有一季收成之望。此旱田所以不及水田萬萬也……。〔註9〕

因此吞霄地區僅些富饒之地才能有一年兩獲的收成，或是倚靠天時使作物少欠多豐。其次，再透過劉銘傳自光緒十二年（1886）實施的清丈（土地重新丈量）後的耕作面積與田地等級，〔註10〕也能觀察到吞霄、苑裡兩地與苗栗縣其它兩個里保的田園存有頗大的差距（見表 3-2），可見吞霄土地的貧瘠與水利開發的不足。而當地稻作農事習慣為：稻米一年兩獲者（雙冬稻作），其早種於立春前後播種，約在六月收成；晚種則約播種於立秋前後，約在十月收成。而地方佃戶亦於早晚二（即六月的早冬，以及十月的晚冬），向業主繳納租穀。〔註11〕

**表 3-1　清代吞、苑地區水利設施一覽表**

| 圳　　　名 | | 水　　源 | 灌溉面積（甲） | 記載方志 |
|---|---|---|---|---|
| 吞霄地區 | 南勢湖南圳 | 公館溪頭泉源 | 30 餘 | 《苗栗縣志》 |
| | 南勢湖北圳 | 泉水窩 | 30 餘 | 《苗栗縣志》 |
| | 竿草湖圳 | 內草湖溪 | 20 餘 | 《苗栗縣志》 |
| | 竹子林圳 | 圳頭肚溪 | 20 餘 | 《苗栗縣志》 |
| | 內湖圳 | 武眉坑 | 20 餘 | 《苗栗縣志》 |

〔註9〕　蔡振豐，《苑裡志》，頁 30。
〔註10〕　田地的種類分為平原之田園，以及沙田之田園。其平原的田地又分為田（水田）與園（旱田），田分為三種，第一級稱為上則田，指擁有長流灌溉的田地；第二級為中則田，指以陂塘之水灌溉的田地；第三級為下則田，指分布在山間的山田與僅能依賴與水的田地。園的等級分為四種，分別為上園、中園、下園、下下園。臨時臺灣土地調查局，《清賦一班》（臺北：臨時臺灣土地調查局，1900 年），頁 58～155、258～264。
〔註11〕　蔡振豐，《苑裡志》，頁 153、161。

| 苑裡地區 | 西勢庄圳 | 打蘭水於角口小溪引入 | 50 | 《淡水縣志》 |
| | | | 70 餘 | 《苗栗縣志》 |
| | 苑裡庄圳 | 打蘭水於角口小溪引入 | 78 | 《淡水縣志》 |
| | | | 100 餘 | 《苗栗縣志》 |
| | 古亭笨圳 | 打蘭水於角口小溪引入 | 60 | 《淡水縣志》 |
| | | | 80 餘 | 《苗栗縣志》 |

資料來源：1. 陳培桂，《淡水廳志》，頁 78～79。
　　　　　2. 沈茂蔭，《苗栗縣志》，頁 106～109。
資料說明：
1. 陳培桂的《淡水廳志》修纂於同治十年（1871）；沈茂蔭的《苗栗縣志》則成書於光緒十九年至二十年間（1892～1894）。
2. 苑裡庄圳開鑿於嘉慶二十五年（1820），菅野秀雄，《新竹州沿革史》（新竹：新竹州沿革史刊行會，1938 年），頁 429。

## 表 3-2 光緒十二年（1886）苗栗縣各堡清丈後田園狀況（單位：甲）

| 堡名　　田園種類 | | 苗栗堡（六街六十三庄） | 吞霄堡（三街五十二庄） | 大甲堡（一街八十三庄） |
|---|---|---|---|---|
| 田 | 上則田 | 1205.7 | 264.0 | 427.9 |
| | 中則田 | 1938.2 | 691.8 | 1270.9 |
| | 下則田 | 1618.4 | 820.0 | 1550 |
| | 下下則田 | 352.4 | 213.3 | 843.8 |
| 田總數 | | 50114.7 | 1989.1 | 4092.6 |
| 園 | 上則園 | 2.1 | 0.0 | 0.0 |
| | 中則園 | 182.1 | 27.6 | 7.3 |
| | 下則園 | 558.5 | 67.8 | 58.5 |
| | 下下則園 | 219.4 | 234.5 | 399.6 |
| 園總數 | | 962.1 | 329.9 | 465.4 |
| 沙田 | 一等沙田 | 26.5 | 32.8 | 70.4 |
| | 二等沙田 | 8.6 | 2.1 | 8.0 |
| | 三等沙田 | 31.2 | 1.3 | 111.9 |
| 沙田總數 | | 66.3 | 36.2 | 190.3 |
| 沙園 | 一等沙園 | 0 | 0.0 | 0.0 |
| | 二等沙園 | 41.1 | 11.5 | 103.9 |
| | 三等沙園 | 1005.4 | 290.0 | 671.4 |
| 沙園總數 | | 1046.5 | 301.5 | 775.3 |

資料來源：沈茂蔭，《苗栗縣志》，頁 106～109。

　　雖然吞霄因境內占地最廣的丘陵地地形，造成水源引用上的不便，因而限制著水田的開展。但至晚清，這些淺山丘陵帶給吞霄嶄新的經濟發展機會——茶與樟腦，可讓居住於丘陵地的居民也從事栽種茶樹來獲取經濟利益；此外，丘陵山坡地也盛產樟樹，尤其是南勢溪的上游地帶更是重要產地。因此在咸豐十年（1860）臺灣開港後，吞霄吸引洋商到此設棧收購樟腦，清政府也在此設立料館管制樟腦。而在茶葉方面，竹塹士紳林占梅經過內湖庄時，曾留下了描述當地居民在地勢較高處種植茶葉的詩句。〔註12〕同治十年（1871），清政府開始抽收茶釐；光緒十二年（1886）官方更進一步在吞霄街設茶釐驗卡。〔註13〕是故，樟腦、茶葉的生產使吞霄在同治年間超越苑裡成爲當時竹南三保的中心街市。

## （二）港　口

　　吞霄濱海，其港口的貿易對市街的繁榮有著深刻的影響。在康熙末年時，吞霄就能通行舢板船與漢、番進行簡單的貿易，到了後來成爲竹南三保最大的貿易要港。其港口門寬七、八丈、有八至九尺的水深，漲潮時可供運載三至四百石的船駛進港口內，但大型船隻就只能停泊於港口外。〔註14〕而吞霄港屬於島內沿岸的貿易港，與北邊鄰近的後龍港以及南邊的大安港、鹿港均有聯結關係，地方上較具規模的垵邊船有時則至雞籠、淡水貿易；清末時期，由於外國貨物需進口到北部通商口岸的淡水港，因此也會至此轉運。〔註15〕

　　在腹地與市場方面，因吞霄溪流域的南勢溪口有足夠的水深，也曾爲銅鑼、三義（內陸村庄）的吞吐口港。〔註16〕吞霄港的輸出貨品爲米、糖、豆、麻、芋、菁等物品，其次，在《苑裡志》中也記載當地的貿易船隻往來於中國福州、泉州、廈門等港口，輸入布、帛、什貨等物品，遠者更達上海、天津、廣東等地。〔註17〕由於「商艘絡繹」、〔註18〕港務興盛，在道光二十二至

〔註12〕林占梅，〈過內湖庄〉：「平隴多栽稻，高崗半種茶。繞林沙岸遠，傍木竹籬斜。啼鳥巢深澗，垂藤縮落花。書聲聽隱隱，深處有人家」蔡振豐，《苑裡志》，頁209。

〔註13〕沈茂蔭，《苗栗縣志》（臺北：文建會，2006年），頁231～232。

〔註14〕沈茂蔭，《苗栗縣志》，頁116。

〔註15〕林玉茹，〈閩粵關係與街庄組織的變遷——以清代臺灣吞霄爲中心的討論〉，頁85。

〔註16〕洪敏麟，《臺灣舊地名之沿革　第二冊（上）》，頁255。

〔註17〕蔡振豐，《苑裡志》，頁83。

二十五年（1842～1845）時，呑霄街至少有四十餘間舖戶，〔註19〕成爲當地聯庄防禦公費的主要支付者，並在日後形成商人團體與地方總理相抗衡。

### 圖 3-6　日本大正十三年（1924）臺灣樟腦地域圖

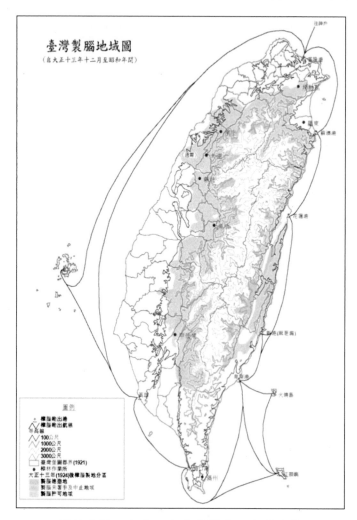

資料來源：中央研究院臺灣史研究所編繪

http://thcts.ascc.net/template/sample3.asp?id=rd03-9

---

〔註18〕 丁曰健，《治臺必告錄》，頁 157。

〔註19〕 舖戶數量的推估，來自道光二十二年總理鄭媽觀被官府斥革後，地方勢力陸續推出接任總理人選時的連保名單。淡新檔案校註出版編輯委員會，《淡新檔案（三）》，編號 12203.22、28、32（道光二十三年十一月二十日、道光二十四年四月三十日、道光二十五年五月初八日），頁 99、102～103。

## 第二節　吞霄社

### 一、吞霄社

圖 3-7　蓬山社群原始地理範圍（最北者爲吞霄社）

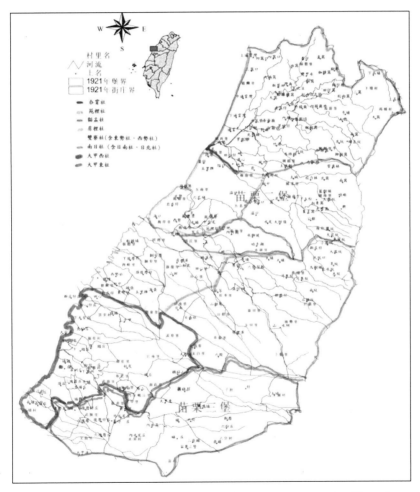

資料來源：洪麗完，《道卡斯族崩山八社與拍瀑拉族四社（上）》，頁 62。

在漢人尚未拓墾之前，吞霄地區主要爲原住民道卡斯族（Taokas）「吞霄社」（Tonsuyan）的生活領域，其地名即來自吞霄社名的譯音。〔註 20〕道

---

〔註 20〕在清代各種紀錄中，吞霄的「霄」也有作爲同音的「宵」字，到了日本領臺，殖民政府曾爲了確定其名稱，而命令苗栗地方蒐集相關契約文書，作爲判讀

卡斯族爲平埔族系，分佈於大甲溪以北，經苗栗縣沿海一帶，至新竹市的海
岸平原，居住其間的平埔社群可分爲三大類：竹塹社群、後壠社群、蓬山社
群。竹塹社群分爲竹塹社、眩眩社二社；後壠社群爲貓裏社、加志閣社、後
壠社、新港社、中港社五社；蓬山社群則有吞霄社、房裡社、苑裡社、貓盂
社、日北社、日南社、雙寮社、日北社、大甲東社、大甲西社九社。〔註21〕
吞霄社的生活領域除了分布在今苗栗通霄鎮境內，而西湖鄉高埔、下埔等里
亦爲其社域範圍。另外，吞霄最南邊的五里牌、梅樹腳庄屬苑裡社；〔註22〕
東南方之少數的丘陵、山谷地帶則爲日北社的生活領域。〔註23〕

　　關於居住在吞霄、苑裡兩地的蓬山社群，我們可以從十七世紀荷蘭統治
時期的戶政資料作爲對其規模的瞭解，相較於房裡社，吞霄社乃爲規摸較小
的村社，平均每戶人口約 4 人。

### 表3-3　荷蘭時代房裡社、吞霄社人口與戶口統計表〔註24〕

| 村　落　名 | Warrewarre | | Parrewarre | |
| 備　　考<br>年　　代 | 房　　裡 | | 吞　　霄 | |
| | 戶　口　數 | 人　口　數 | 戶　口　數 | 人　口　數 |
| 1647 | 76 | 354 | 13 | 43 |
| 1648 | 76 | 340 | 13 | 40 |
| 1650 | 46 | 189 | 30 | 115 |
| 1654 | 49 | 209 | 29 | 117 |
| 1655 | 39 | 155 | 28 | 100 |

資料來源：中村孝志著，吳密察、許賢瑤譯，〈荷蘭時代的臺灣番社戶口表〉，頁 210。

---

基礎。〈通霄街苑裡庄及通霄灣庄查定名稱ノ件〉《臺灣總督府公文類纂》第
　　四四五二卷第六九案；吳密察等撰文，《臺灣史料集成提要》（臺北：文建會，
　　2005 年），頁 126。
〔註21〕竹塹社群有竹塹社、眩眩社二社；後壠社群有貓裏社、加志閣社、後壠社、
　　新港社、中港社五社。吳奇浩，〈清代臺灣之熟番地權──以道卡斯族爲例〉，
　　國立暨南大學歷史學系碩士論文，2004 年，頁 105。
〔註22〕洪麗完，《道卡斯族崩山八社與拍瀑拉族四社（上）》（臺中：中縣文化，2002
　　年），頁 18。
〔註23〕黃國峯，〈清代苗栗地區街庄組織與社會變遷〉，頁 60。
〔註24〕居住於吞、苑地區的蓬山社群尚缺貓盂、苑裡兩社，洪麗完認爲可能是中村
　　孝志未比對出該社名的關係，兩社應以存在。洪麗完，〈從部落認同到「平埔」
　　我群意識──臺灣中部平埔族群歷史變遷之考察（1700～1900）〉，頁 81。

　　漢人移墾吞霄地區，始於清治時期。在清政府與漢人的力量進入吞霄後，帶給原本居住於此地的吞霄社番劇烈的衝擊與改變。吞霄在漢人尚未大規模入墾建庄之前，吞霄社社番就曾在康熙三十八年（1699）發動抗官事件，以及在雍正末年參與大甲西社的抗官行動。這兩起事件皆讓原本人口較少的吞霄社更加薄弱，也影響漢人在此開墾的擴展進度，所以在討論漢人開墾前必須從康熙年間的抗官事件談起。

## 二、吞霄社抗官事件

　　康熙三十八年（1699）吞霄社因漢人通事黃申過度徵派社丁，並規定社番須繳納錢、米後才能出草捕鹿，在黃申的剝削下，吞霄社土官卓个、卓霧、亞生率領社番將黃申與同夥共數十人殺害，釀成抗官事件。臺灣鎮、道本冀以招撫的方式來平定動亂，但不得而入，因此改令北路參將常泰率領官兵進剿，並遠從南部徵調新港、蕭壠、麻豆、目加溜灣四社的社番協助官府剿平，雖然官府調兵遣將，但仍無法彈壓成功。官府於是與岸裡社番約定共同進勦之議，以岸裡社番「穿林越澗如飛」的能力繞出吞霄山，清兵則由前面進攻，生擒卓个等人，於郡城斬殺，並向諸番傳首示眾，順利平定這起動亂。〔註25〕

　　這次鎮壓行動，使得吞霄社受創頗深，我們從《道卡斯蓬山社群古文書輯》所保存吞霄最早的土地契約就可看見其情形。康熙五十八年（1719），來自苑裡的漢人李慈勤、鄭文誠、蔡大明三人，用布、糖、火油向吞霄社「交換」其大部分的土地，其契字如下：

> 立甘願交換契字吞霄眾番人林武力楠茅、鳥納吞霄、武葛萬那，仝自古紅毛時代祖遺番地，坐落土名吞霄番社地三段，東北勢、東勢、東南勢、西北勢，東儘東片山嶺為界；西至大海為界；南至苑裡番地為界；北至新港仔番埔為界，四此界址分明。〔註26〕因番眾無力耕種，民風初開，各為所須，招得房狸、苑狸漢觀李慈勤、鄭文誠、蔡大明，仝出首墾壁〔闢〕廣大荒埔林野，事成之日，眾墾觀得各給番眾布匹玖佰碇、糖伍佰斤、火油壹佰斤，為番眾之得。又康熙

〔註25〕陳培桂，《淡水廳志》，頁 475～476。
〔註26〕陳水木解釋其界址為今東至三義鄉內的火燄山；西至房裡溪口；南至苑裡鎮苑東里與通霄鎮五南里交界處；北至後龍鎮龍坑里一帶。陳水木、潘英海，《道卡斯蓬山社群古文書輯》，頁 5。

早年，本番親族事件，死傷無數，人口大敗，番親逃山居住，生活險惡。立契之後，爲條件交換，得讓眾親眾還祖地居住。眾漢觀不可意異，若無照契所行，得取消契字。其吞宵番地隨即全中踏明界址，付眾漢觀前去掌管墾壁〔劈〕，永爲己業。保有此業，係吞宵眾番之業物，與別地它番等無干涉，亦無重招他人開墾爲礙。倘有來歷交加不明弊情，係吞宵眾番一力抵當，不干承墾眾觀之事。此業一墾千休，永斷葛藤，寸土不留，日後子孫等不敢言贖等情。此係二比甘愿，各無反悔，恐口無憑，立甘愿交換契字貳紙，各執壹紙爲照。

批開墾完成之日即實眾墾觀交付布匹玖佰碇糖伍佰斤火油壹佰斤訖照

批立契之後眾番親即移回番祖地，不可言異 訖照

代筆人 鄭文安

烏納吞宵

武葛萬那

康熙伍拾捌年伍月　立甘愿交換契字吞宵眾番人　林武力楠茅

武乃郡秀

狸宇烏眉

計老勝呢〔註27〕

這紙契約立契之時爲康熙末年，然康熙朝原則上是禁墾番地，漢人如欲取得番地開墾必須被地方官認定爲「荒地」才能報墾陞科；抑或透過贌耕番地的方式，取得開墾與使用土地的許可。〔註28〕但契文中的漢番卻以「以物換地」的方式交換權利達成協議，社番只另外要求逃離深山的熟番，日後能回原地居住，以保有熟番原地居住權，而三名漢人則擁有土地開墾的權力。由於契中並沒有向官廳申請的過程，自然也沒有官府派員勘查，因此這種開墾方式

---

〔註27〕陳水木、潘英海，《道卡斯蓬山社群古文書輯》，頁 324～325。然而，必須一提的是，這份契字常被用來討論通宵地區的開墾過程，但其契字內文的用語、文字筆觸等，與當時契字有些矛盾，故筆者懷疑該契的真實性。然此契多少反映當時情勢，而筆者又無法斷然辯僞，故仍使用討論。此外，筆者將該原契置於論文附錄 4，以供參照。

〔註28〕柯志明，《番頭家：清代臺灣族群政治與熟番地權》（臺北：中央研究院社會學研究所，2001 年），頁 85。

完全不符合官府的規定，而在契字中也沒有任何鄉職人員的擔保，或是國家力量的痕跡，這種「私約」契字的效力應當會引起日後漢番的糾紛；另外，四至界址的不明確，通常事後會再有多次的協調。

不過契字仍說出吞霄社番將大部分的土地給墾於來自苑裡的漢人，其原因是自康熙三十八年（1699）的事件後，吞霄社番部份流離原居住地，無力耕種社地。另外，契字中代筆漢人所書寫的「民風初開」，更意味著吞霄周圍逐漸有漢人進墾的事實。

除了吞霄社迫於現實讓出土地予漢人進入墾荒外，清政府在臺灣中北部設官增兵也有助於漢人的開墾。康熙三十五年（1696）以來，北路數次騷動使清政府感到壓力，其中之一即是吞霄社的抗官事件，最後在康熙五十年（1711）北臺灣受到海盜鄭盡心的騷擾，使清政府下定決心在淡水設分防千總，以及在大甲以北增設七塘作為防禦單位；〔註29〕苑裡與吞霄也在名列其中，而吞霄塘更是設在卓个、卓霧、亞生的抗官之處──吞霄社口。〔註30〕設塘之後「蓋數年間而流移開墾之眾，又漸過半線大肚溪以北矣。此後流移日多，乃至南日、後壠、竹塹、南嵌，所在而有」。〔註31〕而在雍正年間，北臺灣的防務更進一步受到清政府的關注，在雍正元年（1723）增設彰化縣，並設淡水捕盜同知一員，以稽查北路兼督彰化捕務。雍正九年（1731）分大甲溪以北，將刑名、錢穀歸該同知管理，並添設巡檢二員，分駐竹塹、八里坌。〔註32〕雍正十一年（1733）更將原設的北路營編制為北陸協，統轄左、中、右三營，分防各汛。〔註33〕因此在國家力量的進入下，勢必提供漢人更加安全的開墾環境。

## 三、大甲西社抗官事件

吞霄社在十八世紀初的抗官事件中，促使清政府逐漸加強對該地的管理。雖然吞霄、苑裡的開墾環境日益安全，但是在雍正年間，漢人開墾再因

〔註29〕周鍾瑄，《諸羅縣志》，臺灣文獻叢刊第141種（臺北：臺灣銀行經濟研究室，1962年），頁110。
〔註30〕周鍾瑄，《諸羅縣志》，頁118。
〔註31〕周鍾瑄，《諸羅縣志》，頁110。
〔註32〕鄭用錫，《淡水廳志稿》（南投：臺灣省文獻委員會，1998年），頁1。
〔註33〕劉良璧，《重修福建臺灣府志》，臺灣文獻叢刊第74種（臺北：臺灣銀行經濟研究室，1961年），頁320。

熟番抗官而受到阻礙。雍正九年（1731）十二月大甲西社社番不堪淡水同知張弘章過度苛派勞役，因而憤起攻擊巡兵、衙門以及附近的漢人聚落，同屬蓬山社群的房裡社、苑裡社、吞霄社也加入這起抗官行動，成為清代最大規模的番社抗官事件，清政府在平定該事後就稱此為「盪平臺番大捷」。〔註34〕

番社抗官初期，主要由蓬山諸社進行反抗活動，到了雍正十年（1732）閏伍月參與抗官的番社逐步擴大，如沙轆、牛罵社連結南大肚、水裡社；吞霄、貓盂、苑裡、房裡、雙寮則迫脅阿束、柴坑仔等社圍攻縣治、營盤等處。〔註35〕最後在福建陸路提督王郡，以及巡臺御史羅柏修的圍剿下，居於吞、苑地區平埔社群的土官在十月十九日率領男婦三百餘名，赴軍營乞降；二十六日吞霄、貓盂、苑裡、房裡、雙寮五社土官又帶同番眾前往軍營請罪。〔註36〕其他番社則在官兵的強力進剿下，該年十一月清政府已平定這起亂事。

在這動亂期間，造成彰化至竹塹之間數十里平原不見人跡的狀況，〔註37〕張士楊的研究就指出這次抗官過程，這些平埔族不僅有反抗清朝統治的性格，同時也攻擊漢人村庄，亦具有反漢人入殖的意圖存在。〔註38〕因此漢人在吞霄、苑裡地區的開發，受到戰亂的波及而停頓。

雖然漢人開發因番變而略作停頓，但吞霄社番在這兩起番社抗官後，部分的社番因懼怕官府的圍捕而逃離至深山躲藏，使得原本的熟番社會更加薄弱，形成「番寡不能耕」的局面。〔註39〕如雍正十二年（1734）福建分巡臺灣道張嗣昌在巡視臺灣後的題本就記錄了吞霄社於大甲西社事件後的狀況──番寡與沉重勞役。內容提及原本就屬規模較小的吞霄社，在此時其番壯

---

〔註34〕郝玉麟，〈福建總督郝玉麟恭報盪平臺番大捷摺〉，臺灣銀行經濟研究室編，《雍正硃批奏摺選輯》，臺灣文獻叢刊第 300 種（臺北：臺灣銀行經濟研究室，1972 年），頁 240～242。

〔註35〕國立故宮博物院，《宮中檔雍正朝奏摺（二十）》（臺北：國立故宮博物院，1977年），頁 735。

〔註36〕郝玉麟，〈福建總督郝玉麟恭報盪平臺番大捷摺〉，《雍正硃批奏摺選輯》，頁 240～242。

〔註37〕陳秋坤，《清代臺灣土著地權──官僚、漢佃與岸裡社人的土地變遷 1700～1895》（南港：中研院近史所，1997 年），頁 29。

〔註38〕張士陽，〈雍正九、十年の臺灣中部の先住民の反亂について〉，《臺灣近現代史研究》，第 6 號（1988 年），頁 5～50；洪麗完，《道卡斯族崩山八社與拍瀑拉族四社（上）》，頁 46。

〔註39〕我們可以想像參與抗官的吞霄社社番，必定是番社中青壯男子，這些熟番的逃離，將使吞霄地區的熟番力量加速消退。

已不滿三十名，連番婦番女都得供役駕車。〔註40〕這樣的結果應如施添福的研究指出：熟番在負擔各種勞役與供差下，其力農、射鹿的環境更爲惡劣，因此熟番只能不斷杜賣土地來繳納課餉。〔註41〕

　　從探討吞霄社抗官的過程與結果，可看到當地熟番勢力的消退與國家力量的進入。除此之外，社番又得面臨清政府重賦與重役的壓力，如此一來漢番勢力逐漸消長，當地漢人反而蒙受其利，更容易取得熟番土地。另外，從目前幾份吞霄開墾田園的契字來看，乾隆初期吞霄社的番地持續流向漢人手中，〔註42〕到了嘉、道年間，漢人也逐漸建立「吞霄十三庄」。在此背景，下節將討論吞霄漢人的拓墾軌跡，而他們又如何建立起漢人社會，並在最後形成吞霄街庄總理轄區。

# 第三節　漢人社會的建立

## 一、清代的行政建置

　　清政府領臺後，於臺灣南部設立一府三縣治理地方。不過吞霄位於當時臺灣府治有數百里之遙，所以清政府尚未實際的進行統轄。這樣的狀況直至雍正元年（1723），清政府才在諸羅縣以北設立了淡水廳與彰化縣，用以負責北路的稽查與捕務，但此時仍屬彰化縣的管轄。到了雍正九年（1731）清政府才分割大甲溪以北至雞籠劃爲淡水廳的轄區，讓淡水廳同知專責管理。然淡水廳治所在地從原先的彰化到沙鹿，最後到乾隆二十一年（1756）才北遷至竹塹，形成日後竹塹位於該廳的重要舞臺。另外，必須提及的，吞霄地處淡水廳的南緣，距離淡水廳的政經與文化中心──竹塹城，遠有七十里的距離，〔註43〕並且近鄰著素來被官員認爲治安不好的彰化縣，這些因素影響日後當地的歷史發展。

　　吞霄自清設官治理以來，便與南近的苑裡劃爲同一里保，其保名經過數

---

〔註40〕 張嗣昌，《巡臺錄》合刊於趙申喬，《續修四庫全書》，史部・政書類（上海：上海古籍，1995 年），頁 646～647。

〔註41〕 施添福，《清代臺灣的地域社會：竹塹地區的歷史地理研究》（新竹：竹縣文化局，2001 年），頁 128～129。

〔註42〕 臺灣銀行經濟研究室編輯，《清代臺灣大租調查書（中）》，臺灣文獻叢刊第 152 種（臺北：臺灣銀行經濟研究室，1963 年），頁 22～23、25。

〔註43〕 鄭用錫，《淡水廳志稿》，頁 52。

次更替：乾隆六十年（1795）淡水廳置後壠、苑裡，及大甲等保，吞霄與苑裡劃為苑裡保；同治七年（1868）苑裡保改稱竹南三保；〔註44〕光緒十五年（1889）新苗分治，苗栗縣管轄原屬新竹縣的竹南二保、竹南三保、竹南四保，並更名為苗栗一保、吞霄二保、大甲三保；吞霄、苑裡屬吞霄二保（原淡水廳竹南三保）。〔註45〕因此在清政府的地方行政區劃上，吞霄、苑裡一直以來都處於同一個「保」，另就地方發展而言，在道光年間竹南三保尚未「聯庄」之際，苑裡與吞霄之間的關係相當密切。

表 3-4　清代苗栗行政區域表

| 行政區域 | 年　　　代 | | 保　　名 |
|---|---|---|---|
| 苗栗地區 | 淡水廳時期（1723～1879） | 乾隆十二年（1747） | 竹塹保 |
| | | 乾隆二十九年（1764） | 淡南二保 |
| | | 同治十年（1871） | 城南後壠保 |
| | | | 城南苑裡保 |
| | | | 城南大甲保 |
| | 新竹縣時期（1879～1889） | | 竹南二保（後壠保） |
| | | | 竹南三保（苑裡保） |
| | | | 竹南四保（大甲保） |
| | 苗栗縣時期（1889～1895） | | 苗栗一保（後壠保） |
| | | | 苗栗二保（吞霄保） |
| | | | 苗栗三保（大甲保） |

資料來源：黃國峯，〈清代苗栗地區街庄組織與社會變遷〉，頁 15。

## 二、漢人社會的建立

　　苑裡在早期的發展比吞霄興盛，主要的因素是來自其擁有大安、大甲溪的沖積平原，良田沃土較吞霄溪流域廣大，最適合發展農業種植水稻的地區，

〔註44〕新苗尚未分治時，竹南二保又名苗栗保，竹南三保又名吞霄保，竹南四保又名大甲保。陳朝龍、鄭鵬雲，《新竹縣采訪冊》，臺灣文獻叢刊第 145 種（臺北：臺灣銀行經濟研究室，1962 年），頁 12。

〔註45〕林玉茹認為北臺灣地區的保名與保中心會隨著境內市街的競爭與消長不斷改變，以顯示該街庄於里保內的地位與中心性，而竹南三保即是明顯的例子。林玉茹，〈閩粵關係與街庄組織的變遷──以清代臺灣吞霄為中心的討論〉，頁 89。

而吞霄則因沿海平原面積狹窄等地理環境的限制，因此街市的發展不如苑
裡。〔註46〕於是苑裡成為兩地較早建立漢人村庄的地區，在雍正末年已有毛、
游、李、蔡、陳、郭六姓越過房裡溪向貓盂社社番取得土地，合夥開墾建立
貓盂庄。〔註47〕而吞霄則略晚一些，最晚在乾隆六年（1741）時建庄，當時
成冊的《重修福建臺灣府志》記載吞、苑兩地土牛溝以西的土地，已被開墾
的漢人建立貓盂印斗庄（貓盂庄）與吞霄庄。

　　從《增補大日本地名辭書》的記載可得知吞霄庄的形成過程，乾隆元年
至二年（1736～1737）間，有粵人劉、張、鄭、馬、徐、楊等十一姓，進入
南勢、北勢、梅樹腳等地開墾，不久後即開墾有成，便以吞霄為名。〔註48〕
數年後吞霄庄周圍也逐漸開墾，如東面的內湖庄，以及西面位於南北交通要
道的吞霄灣庄。〔註49〕乾隆二十年代，吞霄社番分別在新埔以及位於南勢
溪中游的「土城」給出漢人開墾，但由於土城靠近山區，故因番害嚴重而放
棄開墾，直至嘉慶十一年（1806）由房裡社屯丁招集漢佃開墾才漸有起色。
〔註50〕由此可知乾隆年間漢人的開墾最多到南勢溪中游的丘陵地區，而嘉
慶至道光初年繼續往南勢溪主支流的中上游開墾，道光六年（1826）閩浙總
督孫爾準的奏稿中，已出現「吞霄大小十三庄」，可見最晚在道光初年已形
成日後吞霄聯庄的漢人聚落。〔註51〕

　　據林玉茹的推測，「吞霄十三庄」應為吞霄街、吞霄庄、吞霄灣庄、內湖
庄、番社庄、北勢庄、五里牌庄、梅樹腳庄、竹仔林庄、楓樹窩庄、南興庄、
南和庄、北勢窩庄。這些街庄是以吞霄街作為中心，再聯接南勢溪流域，以
及陸路交通腹地內的村庄，形成一個街庄共同體；吞霄港與吞霄街則成為該
地在商業貿易上（市場圈）的核心腹地。此外，從吞霄總理轄區內的街庄分
佈來看，也大致與其市場圈重疊。〔註52〕

〔註46〕黃國峯，〈清代苗栗地區街庄組織與社會變遷〉，頁 153；林玉茹，〈閩粵關係
　　　　與街庄組織的變遷——以清代臺灣吞霄為中心的討論〉，頁 87。
〔註47〕蔡振豐，《苑裡志》，頁 222。
〔註48〕吉田東伍，《增補大日本地名辭書》（東京：富山房，1969 年），頁 61。
〔註49〕蔡振豐，《苑裡志》，頁 222。
〔註50〕臨時土地調查局，《臺灣土地慣行一班》（臺北：日日新報社，1905 年），頁
　　　　31。
〔註51〕孫爾準，〈為查辦臺灣北路械鬥將次完竣事〉，《孫文靖公奏牘稿本》（天津：
　　　　古籍，1987 年），頁 619～633。
〔註52〕林玉茹，〈閩粵關係與街庄組織的變遷——以清代臺灣吞霄為中心的討論〉，
　　　　頁 90。

　　吞霄總理轄區的形成的確與南勢溪流域有很大的關聯，從土地開墾的面向來看，漢人即是循著北勢窩溪、內湖溪、圳頭溪等支流向上游拓墾建庄。其次，人群關係也是構成總理轄區的要點之一，如總理鄭媽觀本身籌組的鄭合成墾號，曾前往溪流上游的烏眉坑、南和、十坑等處開墾，這些地方便是構成日後「吞霄十三庄」的村庄之一。此外，光緒十四年（1888），吞霄總理張鳳岐向地方官新舉各庄庄正時，新增南勢庄、隘頭庄、番仔寮、四湖口、望高寮、圳頭內庄、大坪頂庄等七個村庄。〔註53〕由此，吞霄總理轄區的範圍便擴大至二十個村庄（見圖 3-8），並涵蓋整個南勢溪流域。就此而言，吞霄總理轄區的形成與拓墾、人群之間確實有密切關係。

　　此外，我們也必須討論吞霄漢人社會的發展程度，來觀察該地階段性的發展。以同保的苑裡、吞霄來比較，吞霄街庄的形成的確晚於自然環境較爲優良的苑裡，因此在社會與經濟發展上也有著明顯差距。我們從吞霄、苑裡兩地天后廟宇的興築過程與時間來看，即反映出兩地之間的發展差距。乾隆三十七年（1772），苑裡黃在榮、陳志城等人遷建慈和宮，〔註54〕從〈蓬山慈和宮碑記〉其後的捐助名冊可以發現，當時參與建廟的人士包含了廩生、庠生、舖戶、船戶，以及雙寮社的熟番，可見苑裡在此時已有相當的發展。另一方面，吞霄的天后信仰慈惠宮則遲至道光十三年（1833）由吞霄總理鄭媽觀倡建，據該廟所立的碑文記載，當時還因鄭媽觀變賣土地才得以順利建廟。〔註55〕不過，臨海又無嚴重番害的吞霄爲何在道光年間才逐漸興盛起來，這樣的原因除了前文提及的環境侷限外，很重要的一點，是來自道光六年（1826）的閩粵械鬥，讓吞霄的漢人聚落受到嚴重的打擊。所以以下要討論的是，吞霄地區漢人的人口與祖籍的分佈，以及社會衝突，來觀察吞霄漢人社會在建立過程中受到的挫折。這些衝突將影響日後吞霄街庄制定聯庄章程的方針，也強化了街庄之間的凝聚力。

---

〔註53〕淡新檔案校註出版編輯委員會，《淡新檔案（三）》，編號 12240.2（光緒十四年十二月初四日），頁 248。

〔註54〕慈和宮最早並可靠的史料爲乾隆三十八年新建完竣後，眾人所立的〈蓬山慈和宮碑記〉，碑文內容述及宮廟的改建緣起。可惜的是，碑文內容並無言及最初倡建之時，但從碑文可知慈和宮的緣起必是早於乾隆三十六年（此年爲碑文內記載地方議建慈和宮之事）。〈蓬山慈和宮碑記〉；王志宇，《苑裡慈和宮誌》（苗栗：苑裡慈和宮管委會，2005 年），頁 11。

〔註55〕〈通霄慈惠宮沿革碑記〉。另外，本文將於第四章詳細討論鄭媽觀倡建慈惠宮的過程與意義。

圖 3-8　光緒十四年（1888）吞霄街庄總理轄區範圍圖

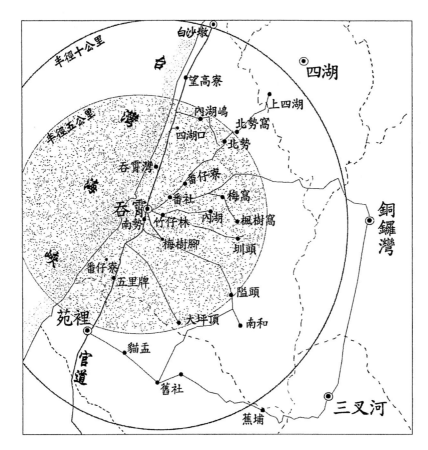

資料來源：白順裕，〈清代竹塹地區的交通〉，國立師範大學歷史學系
　　　　　碩士論文，2004 年，頁 196。

## 三、吞霄地區的人口結構與社會衝突

### （一）人口結構與祖籍分佈

　　清代來臺移墾漢人以地緣關係而分類聚居是普遍現象，然而地方人口的
祖籍分佈攸關地方治安之穩定，清代許多的社會衝突皆與族群分類意識緊密
結合。吞霄、苑裡兩地街市就有明顯族群分聚的現象，《苑裡志》記載：

> 從前曾建街市，俱屬泉人居住；繼設苑裏街，則漳人居多；又設通
> 霄街，則係粵人之所焉。及咸豐三年以後，漳、泉往往不能相能，
> 猫盂街市又廢，各處泉人始建街衢於房裏庄之北，名曰新街，又曰

房裏街。〔註56〕

由此可概略看見吞霄街爲粵人爲主的聚落，再從其它資料來觀察當地的閩粵分佈。首先，淡水廳曾在同治十三年（1874）時諭令總理等鄉職人員調查轄區內各庄人丁戶口細數（見表 3-5）。然而該資料在戶數與人口方面有著明顯的失眞狀況，例如在三十多年前淡水同知曹謹編查該廳戶口時，竹南三堡已有 8,732 丁口。〔註57〕因此清政府所作的人口調查應當不是針對全庄居住人口，而是有特定對象（有可能是當地的墾業戶）。〔註58〕雖然如此，但該資料仍可反映出吞霄地區閩、粵混居的現象。其次在人口方面，十九世紀末吞霄已有十九個漢人村庄，居民 2,018 戶，10,632 丁口（見表 3-6）。

**表 3-5　同治十三年（1874）吞霄街庄人丁戶口統計表**

| 街 庄 名 | 戶數（戶） | 男（丁） | 女（口） | 幼孩（口） | 幼女（口） | 每戶平均人口數（人） |
|---|---|---|---|---|---|---|
| 吞霄庄 | 粵籍 38 | 38 | 39 | 15 | 13 | 2.7 |
| 北勢窩庄 | 閩籍 25 | 27 | 13 | 12 | 9 | 2.4 |
| 竹仔林庄 | 閩籍 32 | 42 | 13 | 13 | 13 | 2.5 |
| 塗城庄 | 閩籍 32 | 37 | 19 | 22 | 23 | 3.1 |
| 總計 | 粵籍 38 | 38 | 39 | 15 | 13 | 2.7 |
|  | 閩籍 89 | 106 | 45 | 47 | 58 | 2.8 |

資料來源：淡新檔案校註出版編輯委員會，《淡新檔案（三）》，編號 12403.49，頁 340。

**表 3-6　明治二十九年（1896）吞霄地區各庄人口統計表**

| 庄 名 | 戶 數 | 丁 口 數 |
|---|---|---|
| 通霄街 | 254 | 1,372 |
| 五里牌庄 | 82 | 421 |

〔註56〕蔡振豐，《苑裡志》，頁 222。

〔註57〕陳培桂，《淡水廳志》，頁 89。

〔註58〕同治十一年，淡水廳同知向燾曾在書辦徐超所提出清庄前各庄應作的調查事項的文稿中，批示：「查閱所陳各節內，有歷來辦過，及格於成例者，雖不能悉溱周妥，其於諭令墾業戶造冊一條，尚屬可採……」。或許這份調查對象與其批示有若干的關聯。淡新檔案校註出版編輯委員會，《淡新檔案（三）》，編號 12403.1（同治十一年十二月二十四日），頁 292～293。

| | | |
|---|---|---|
| 隘口寮庄 | 42 | 234 |
| 南和庄 | 97 | 544 |
| 大坪頂庄 | 92 | 450 |
| 通霄灣庄 | 161 | 796 |
| 梅樹腳庄 | 89 | 428 |
| 南勢庄 | 67 | 336 |
| 北勢庄 | 47 | 300 |
| 圳頭庄 | 77 | 458 |
| 福興庄 | 127 | 657 |
| 內湖庄 | 119 | 654 |
| 北勢窩庄 | 159 | 837 |
| 鳥眉坑庄 | 126 | 855 |
| 楓樹窩庄 | 83 | 462 |
| 白沙墩庄 | 254 | 1,019 |
| 新埔庄 | 69 | 384 |
| 三窩口庄 | 41 | 205 |
| 四窩口庄 | 32 | 160 |

資料來源：蔡振豐，《苑裡志》，頁 79～82。

表3-7　大正十五年（1926）通霄庄及其鄰近各庄漢人祖籍別人口表

（單位：人數；括弧內為百分比）

| 庄　名 | 福建省 | 廣　東　省 | | | | 其他 | 合計 |
|---|---|---|---|---|---|---|---|
| | | 潮州府 | 嘉應州 | 惠州府 | 計 | | |
| 通霄庄 | 5,100<br>（27.8） | 2,200<br>（12.0） | 5,600<br>（30.7） | 4,100<br>（22.4） | 11,900<br>（65.1） | 1,300<br>（7.1） | 18,300 |
| 苑裡庄 | 11,100<br>（61.3） | 400<br>（2.2） | 1,100<br>（6.0） | 5,000<br>（27.7） | 6,500<br>（36） | 500<br>（2.7） | 18,100 |
| 銅鑼庄 | 0 | 1,800<br>（15.8） | 7,800<br>（68.4） | 1,800<br>（15.8） | 11,400<br>（100） | 0 | 11,400 |
| 三義庄 | 300<br>（4.8） | 900<br>（14.6） | 3,900<br>（62.9） | 100<br>（16.1） | 5,800<br>（93.6） | 100<br>（1.6） | 6,200 |

資料來源：臺灣總督府客房調查課編，《臺灣在籍漢民族鄉貫別調查》（臺北：臺灣時報發行所，1928 年），頁 14～15。

從日本大正十五年的人口祖籍調查結果來看（表 3-7），吞霄地區是以嘉應、惠州移民為主（65.1%），而苑裡則是福建移民較多（61.3%）。從兩地漢人的祖籍比例來看，其閩粵勢力約三七比，確實為閩粵雜處之地，這與位於內山純以粵籍漢人為主的銅鑼、三義有很大差異。在筆者進行田野調查時，當地臨海的客籍人士現在多已福佬化，〔註59〕另據客語學界的調查，現今通霄居民多使用閩南語，客語反而居次。這樣的結果可能來自早期客籍人士入墾吞霄，因人數較少，又為了生意、生活所需進而學習閩南語，其次吞霄因地形與交通之故，在生活、市場經濟方面多與苑裡、大甲等閩人地區較為密切。〔註60〕

### （二）閩粵械鬥

吞霄、苑裡地區雖然為閩粵混居地，但在清治以來兩地之間的閩粵族群少有互相衝突、械鬥的跡象產生，從臺灣分類械鬥的案發地區來看，兩地的閩粵族群互動還屬平和。雖然如此，據官方史料記載該地閩粵大型械鬥共有兩次，為道光六年（1826）的李通事件，以及道光十二年（1832）的張丙事件，這兩起械鬥事件皆帶給吞霄相當大的影響，並且讓促使總理凝聚當地漢人力量。以下即分述械鬥過程與影響：

### 1. 李通械鬥

吞霄地區所發生的械鬥並非由當地閩粵籍人士爭奪生存利益所引起的衝突，乃因它地械鬥之蔓延，其中李通械鬥便是典型的案例。如第一章提及道光六年李通所引起的閩粵械鬥擴及一廳二縣，其蔓延方式即為李通造謠分類，其附和者也各自招人焚搶，而淡水廳則多因閩粵互相焚搶而各自聚眾報復。〔註61〕

吞霄地區所發生的械鬥即是由李通等人引起蔓延的，在械鬥後閩浙總督孫爾準前往竹塹並沿途查勘，提及：「吞霄大小十三庄、中港大小五十三庄焚燬最甚，苑裡、白沙墩兩處次之」〔註62〕孫爾準另一份奏摺更說明當時吞霄

---

〔註59〕 筆者在採訪吞霄數位粵籍總理與舖户後代子孫時，他們都口操閩南語而不使用客語，有幾位甚至不會說客家話，而家中長輩從小至今都使用閩南語交談。可見吞霄客家人福佬化的跡象可能在清代就已逐漸形成。另外，清代吞霄一些粵籍人士在其土地契約中，也會使用閩人口語書寫契約。

〔註60〕 徐煥昇，〈臺灣苗栗通霄客話研究〉，國立新竹教育大學臺灣語言與語文教育研究所碩士論文，2007 年，頁 13。

〔註61〕 林偉盛，《羅漢腳——清代臺灣社會與分類械鬥》，頁 117。

〔註62〕 孫爾准，《孫文靖公奏牘稿本》（天津：古籍，1987 年），頁 619～633。

「全庄」被燬，根據當時官府對逮捕者所作的口供顯示（見表 3-8），主使糾夥械鬥的是寄居彰化縣許厝埔的閩人黃源，〔註 63〕他在道光六年（1826）四月間，聽到李通等人造謠焚搶粵庄後，就起意糾邀許豬等三十多人，後附和者不計其數，連續數日在嘉、彰兩縣的粵庄焚搶殺人。六月十三日，黃源又聽聞北路粵人忿圖報復，要糾人攻打閩庄，使原本與吞霄粵人有仇的黃氏，乃又起意糾約原夥，與牛罵頭的閩人蔡燕一夥以及附和者數百人，前往吞霄粵庄械鬥，將整個村庄焚毀。〔註 64〕從筆者整理出來的械鬥成員中，我們即可發現其附和者有一名是道光四年（1824）偷渡來臺的許茲，雖然其他人物欠缺詳細的資料可查，不過這仍可說明偷渡、游民者曾參與此次械鬥。

吞霄全庄被破壞的程度，令人感到詫異，如果總理真能負起維護地方治安之責任，理應不致如此。不過，如果從前文討論的總理職權來看，在道光六年（1826）之前，總理保庄的關鍵實際上只能出自己身的財富與領導能力，換言之，當時總理並未進行聯庄與團練，村庄的防禦能力相當渙散，甚至沒有自衛組織，如果是貧窮村庄的話，則更沒有足夠條件來保全村庄；何況號稱有數百個閩人的攻庄行動，事實上是連官兵都難以及時彈壓的。

表3-8　道光六年（1826）吞霄閩粵械鬥捕獲人犯名單

| 姓　名 | 原　籍 | 寄　居　地 | 年齡 | 犯罪內容（口供） | 其　它 |
|---|---|---|---|---|---|
| 黃源 | 福建晉江縣 | 彰化縣許厝埔 | 28 | 首先放火燒房者 | 主使者 |
| 許豬 | 福建晉江縣 | 彰化縣許厝埔 | 23 | 幫同放火 | － |
| 李意 | 福建同安縣 | 彰化縣許厝埔 | 36 | 持刀殺死一人 | － |
| 許甜 | 福建晉江縣 | 彰化縣許厝埔 | 30 | 並未傷人、犯法 | － |
| 黃組 | 福建晉江縣 | 彰化縣許厝埔 | 20 | 幫同放火 | － |
| 李萬 | 福建同安縣 | 彰化縣許厝埔 | 28 | 並未傷人、犯法 | － |
| 施順 | 福建晉江縣 | 彰化縣許厝埔 | 38 | 幫同放火 | － |
| 許虎 | 福建晉江縣 | 彰化縣許厝埔 | 38 | 持鎗戳傷一人 | － |
| 許成 | 福建漳浦縣 | 彰化縣許厝埔 | 33 | 幫同放火 | － |
| 尤愛 | 福建晉江縣 | 彰化縣許厝埔 | 38 | 木棍打傷一人 | － |
| 許椰 | 福建晉江縣 | 彰化縣許厝埔 | 50 | 石塊擲傷一人 | － |

〔註63〕許厝埔包括十二個庄頭，範圍涵蓋今鹿港鎮與福星鄉。施添福總編纂，《臺灣地名辭書卷十一，彰化縣（上）》（南投：臺灣文獻館，2004 年），頁 153。
〔註64〕孫爾準，〈續獲焚搶匪徒及械鬥人犯供單〉，《軍機處檔摺件》，文獻編號：058969。

| 許棚 | 福建同安縣 | 彰化縣許厝埔 | 24 | 幫同放火 | － |
|---|---|---|---|---|---|
| 蔡燕 | 福建晉江縣 | 彰化縣牛罵頭 | 32 | 幫同放火 | 主使者 |
| 康燦 | 福建同安縣 | 彰化縣海墘厝 | 35 | 幫同放火 | － |
| 林傳 | 福建晉江縣 | 彰化縣麥仔寮 | 36 | 放火燒房三間 | － |
| 許莪 | 福建同安縣 | 彰化縣牛罵頭 | 55 | 幫同放火 | 道光四年偷渡來臺 |
| 李耍 | 福建南安縣 | 彰化縣高密庄 | 52 | 木棍打傷一人幫同放火 | － |
| 洪受 | 福建同安縣 | 彰化縣牛罵頭 | 32 | 並未傷人、犯法 | － |
| 張幅生 | 福建南靖縣 | 彰化縣東勢角庄 | 39 | 並未傷人、犯法 | － |
| 周任 | 福建同安縣 | 彰化縣葫蘆墩 | 36 | 幫同放火燒 | － |
| 王滔 | 福建同安縣 | 彰化縣葫蘆墩 | 41 | 木棍、石塊打傷一、二人 | － |

資料來源：孫爾準，〈續獲焚搶匪徒及械鬥人犯供單〉，《軍機處檔摺件》。
孫爾準，《孫文靖公奏議》，第一冊（北京：全國圖書館文獻縮微複製中心，2005 年），頁 153～314。

說明：官府從數百匪徒中僅捕獲二十人，這顯示若僅倚靠官兵是難以逮捕爆動者，同時也意味著大部分趁火打劫的人仍逃避官府的緝捕，或是在事件平息後回到原有的村庄。因此，官員急欲清庄的目的可見一斑。

### 2. 張丙事件

在李通案的數年後，道光十二年（1832）張丙等人因分類械鬥引發的抗官民變，其亂事也波及南路鳳山縣與北路淡水廳等處，形成大規模的閩粵械鬥。在這起動亂中苑裡地區房裡街的房屋一半被焚搶摧燬，而吞霄街及沿途附海房屋，則又全部遭焚燬，當時大部分的沿海居民皆搬離至北方鄰近的中港地區。在械鬥發生時有粵人賴營兵等一百多人求見官府，並聲稱肇事者是南方的匪徒前來焚燒，但不知其名。〔註65〕後據奏摺顯示，起意糾人械鬥者為三十一歲的王彩雲，他與三十五歲的呂番姜分別在吞霄庄外鬥殺粵人二命。〔註66〕另外，除了械鬥造成的命案外，也有居住在銅鑼灣庄的蕭水生（六十歲，廣東省大埔縣），派遣原本雇其守庄的張阿三為旗首，並與公館庄的

---

〔註65〕劉廷斌，〈為彰化淡水閩粵兩籍互相焚燬奴才帶兵彈壓令搬居徙民先行歸庄安業情形恭摺具奏仰祈聖鑒事〉，菊池秀明，《臺灣張丙反亂檔案史料》，頁 87～91。

〔註66〕瑚松額等，〈奏報淡水廳彰化縣焚搶械鬥匪徒姓名事由清單〉，菊池秀明，《臺灣張丙反亂檔案史料》，頁 198～203。

吳阿賢等人（同屬粵籍），前往吞霄搶奪粵人鄭媽觀的牛隻。〔註67〕

　　值得注意的是，當地總理等地方領導人物無法抵抗外來匪徒的原因可能有二：一者，奏摺裡曾提及「淡南吞霄等處被焚居民房屋，其中地主在內地者多，佃人無力」。〔註68〕再者，在許多械鬥中當游民與盜賊聞風響應時，富民往往擔憂自己成為焚搶對象，因此出資買旗保庄。或者由總理糾眾守庄防止盜匪攻擊，如田寮等庄粵籍總理溫教化傳人防守卻又以此斂財，後因無法約束，導致守庄者焚搶中港、後壠等庄。〔註69〕此外，又有潮州、萬巒等庄總理林綸輝、李壇、林謙受、黎應揚聽從匪徒糾人派穀，之後不能以力約束，又不自行向官府稟報匪徒蹤跡，乃被發配雲貴、兩廣充軍治罪。〔註70〕另外，從吞霄搬至中港等大庄躲避的過程來看，吞霄實屬貧弱村庄，故應無力出錢派飯，也難以築木柵、土圍、望樓與僱人等防禦措施來保全村庄，而遭致焚搶燬庄。

　　由此可見，在道光中葉之前，吞霄地區漢人並未建立起壯盛的村庄聚落。如同前文所提的粵人鄭媽觀，他曾在嘉慶至道光末年間斷擔任四次街庄總理，但在此時仍成為盜竊的目標，並難以防範。〔註71〕其次，土地收益較為貧弱的吞霄，可能導致地方難以累積充足的資源，以從事各種防衛措施，自然無法有足夠的能力應付民間動亂。不過在這次道光十二年（1832）的械鬥之後，官員也注意到吞霄易成匪徒攻擊的目標，閩浙總督程祖洛就認為吞霄為閩粵雜處之地，原本在此設置十名的塘兵，並不足以彈壓地方，因此提議從大安口汛裁撥一員外委，與大甲塘兵二十名，駐紮於吞霄，將吞霄由塘提昇到汛的設置。〔註72〕雖然清政府提升駐兵等級的方式是為了加強當地的治

〔註67〕劉廷斌，〈審訊臺灣嘉義賊匪吳阿長供單〉，菊池秀明，《臺灣張丙反亂檔案史料》，頁107。

〔註68〕奏摺中所謂的「地主」，應為大租戶。劉廷斌，〈為彰化淡水閩粵兩籍互相焚燬奴才帶兵彈壓令搬居徙民先行歸庄安業情形恭摺具奏仰祈聖鑒事〉，菊池秀明，《臺灣張丙反亂檔案史料》，頁87～91。

〔註69〕劉廷斌，〈為彰化淡水閩粵兩籍互相焚燬奴才帶兵彈壓令搬居徙民先行歸庄安業情形恭摺具奏仰祈聖鑒事〉，頁87～91。

〔註70〕瑚松額等，〈為南路粵匪查辦完竣將續獲番兇犯並縱□滋事之各粵庄總理分別定擬恭摺具奏祈聖鑒事〉，菊池秀明，《臺灣張丙反亂檔案史料》，頁189～192。

〔註71〕從奏摺看來，鄭媽觀此時應該沒有擔任吞霄街庄總理。而關於鄭媽觀的事蹟，第四章會有詳細的討論。

〔註72〕程祖洛，〈閩浙總督程祖洛酌籌臺灣善後事宜摺〉，臺灣銀行經濟研究室編輯，

安防備，但間接地，吞霄地區的社會秩序與開發環境也得到一定的助益。

從上述的現象已能觀察吞霄地區的基本環境與社會發展，而當地的發展與漢人力量的凝聚也多建立在道光中葉以後，尤其在地方防衛與經濟力量部份更已具體形成。這樣的改變，來自官員對總理加諸一些社會責任，有助於地方維持社會治安的穩定。在下個章節中，筆者將探討總理如何逐步領導地方建構防禦組織，並且透過總理的權力來影響當地社會的發展。

### 圖 3-9　吞霄附近相關地名圖

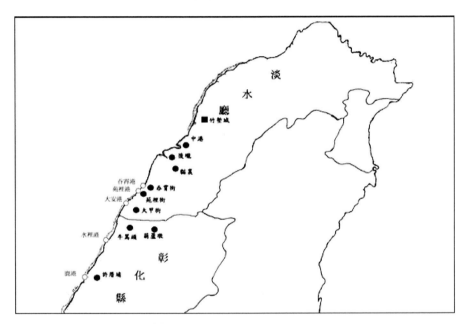

資料來源：筆者自製

《臺案彙錄甲集》（南投：臺灣省文獻委員會，1997 年），頁 113。

# 第四章　吞霄總理與地方社會

　　十九世紀清政府於縣級以下建立的鄉職系統，成為地方政府執行各種基層行政的主要組織。本章將考察擔任吞霄街庄總理者的背景與如何執行鄉村政治，以及當地聯庄的組織結構，這將有助於我們了解在清政府建立下的鄉治組織如何在地方社會運作；另一方面，何種背景的人物擔任執行「街庄自治權」〔註1〕的角色，以及在地方利益競逐下所產生的競合關係。透過長時間的探討，將能看出吞霄的地方建設和歷史發展與總理有著密不可分的關係。為了清楚掌握上述問題，本文以三位任職最久與風波不斷的總理，作為各節討論的重點。

## 第一節　嘉道之際的鄭媽觀與地方社會

> 切查該處〔吞霄〕街庄西聯大海，每有洋匪登岸滋擾，東負深山，不無兇番強盜貽害，南北通行大路，誠為要關，十三庄等處又屬閩粵雜處，民心不一，強弱並立，善惡攸分。是該總理之所以難舉難當，即欲舉閩，難以服粵；舉粵難以服閩。惟鄭媽觀承當是任四十餘年，三退三舉，無喜無慍，不怯不求，身雖粵籍，素不袒親，乃

---

〔註1〕　由於總理多經由地方自行推舉出來管理街庄事務，受地方官府監督，而在官員的授權下，總理等職員平時自行管理街庄，並自辦、籌備各種建設、防禦。同時，總理也必須與職員、地方權勢者議訂庄規，以約束民人行為、維持地方社會之秩序，而這些可說是自治權力。故總理在街庄所掌握的權力，實可稱為「街庄自治權」。

閩人所心悅而誠服也。秉性剛直，果敢膽力，每次費用已財爲地方
好事，脩橋造路，倡首捐緣，起蓋天后宮，脩理壽公祠，設立南和
隘，防番禦賊，街庄人眾每有大爭小競，立即向前阻止，小則理處
息禍；大則稟究，不避嫌怨，所有一二混指，悉被奸人詐騙，並非
受略之情，大事化小，小事化無，屢次拴解盜匪案。據成同鄉共井，
深知卓見，該處總理責任匪輕。成等斷不敢涉私保留，如有涉冒，
成等願甘坐罪，伏蒙廉憲明察恩准，依舊充當。俾鄭媽觀得以倍加
踴躍奉公，成吞宛幸甚，地方幸甚。合得連名保留，稟請大老爺察
奪施行。〔註2〕

這是道光二十二年（1842）十二月苑裡街庄總理梁媽成爲首與吞苑鄉職人員、
業戶以及大小舖戶連保向淡水同知曹謹請求不要將吞霄街庄總理鄭媽觀斥革
的稟文。文中除了道盡吞霄地理位置攸關清政府的在臺治理，以及內部存在
閩粵衝突危機外，鄭媽觀在擔任總理的任期與期間的功勞更顯得令人關注。
簡言之，稟文說出鄭媽觀掌握了吞霄四十餘年的街庄自治權並且從事不少地
方建設。直至今日，地方耆老仍對這位視爲「鄉賢」的總理印象深刻。

　　鄭媽觀（1773～1850），惠州府海豐縣人，隨父渡臺定居在吞霄靠海的南
勢庄。〔註3〕但由於資料的缺乏，我們無法知道鄭媽觀何時來臺謀生，從其生
年與後來的事蹟來看，比較合理的推測應當約略在乾隆末年至嘉慶初年。嘉
慶年間，鄭媽觀就靠著土地開墾而逐漸崛起致富，進而從嘉慶初年至道光末
年間斷擔任總理，領導地方與服務官府。以下筆者分爲幾點來探討鄭媽觀的
出身，以及在擔任總理期間如何建設地方與各種作爲。

## 一、地方開墾與建設

　　鄭媽觀成爲鄉村領袖的原因可能來自墾戶的地位。由墾戶背景擔任總理
者不乏其例，如論者指出，清代北臺灣的家族崛起，大多倚靠土地拓墾權的
取得，與伴隨而來的優勢，進而成爲官方在地方的代表。〔註4〕鄭媽觀在嘉

---

〔註2〕　淡新檔案校註出版編輯委員會，《淡新檔案（三）》，編號 12203.4（道光二十
　　　　二年十二月十八日），頁 88～89。

〔註3〕　〈鄭媽觀誌〉，資料出自於廟方懸掛於右廂房之鄭媽觀肖像的上方文字，其文
　　　　撰於 1953 年，作者屬名鄭子恭。鄭媽觀肖像參見本章圖 4-2。

〔註4〕　賴玉玲，《褒忠亭義民爺信仰與地方社會──以楊梅聯庄爲例》（新竹：新竹
　　　　縣文化局，2005 年），頁 141。

慶年間組成「鄭合成」墾號（共 16 股），承墾日北社社番於南勢溪上游一帶
的土地，〔註 5〕稟文中所指的「南和隘」即是在此建立。由於南勢溪上游的
土地，處於吞霄街的東南隅（約有 6.7 公里），其海拔約在 120 公尺的谷地中，
致使不易開墾外，更重要的是該處為生番出沒之地，因此鄭媽觀在南和一帶
籌建名為「南和隘」的隘寮，以武裝的方式拓墾土地。「鄭合成」所具體開
墾的土地除了南和外，尚有位於俗稱「十坑」的谷地，〔註 6〕這些地方包含
鳥樹頭、大濫坑、小濫坑、直坑、出水坑、大坑、馬林坑等土地，其物產除
了稻米等作物外，山區更有樟腦等重要資源。〔註 7〕可惜的是，除了淡新檔
案與少數的古契字提及「南和隘」外，歷來的地方志書則毫無記載，因此我
們無法得知南和隘的籌建過程以及日後具體的運作，目前只能透過地方志的
記載來觀察其組織，《苑裡志》載：

> 隘有官隘、民隘之別：官隘由官主裁，民隘由民自辦。每隘有丁，
> 每丁有糧：各設一隘首理其事。〔註8〕

> 官隘者，隘首由官設立者也。有民隘焉：民隘者，隘首由墾戶與佃
> 戶會議而設者也。所有年抽隘租多寡不同，皆取納之於佃戶。設隘
> 處所不同，設隘年月亦不同，蓋生番愈入而隘線愈進。新竹一屬，
> 情形皆同。〔註9〕

由目前研究可以推知南和隘應屬民隘，〔註 10〕但之後卻未能知其下文，可能
因為土地開墾順利已無防番必要而裁撤。總之，透過鄭合成墾號除了讓我們
大致能了解吞霄沿山地區的開墾型態，仍是脫離不了隘設墾隨的邊區開墾模
式外，鄭媽觀能得到官民之間的支持，主要是來自墾戶的地位。

〔註 5〕　〈日北社番土目北合義等立找洗盡根田蘭山場數木絕契字〉，光緒十年七月。
　　　　洪麗完，《道卡斯族崩山八社與拍瀑拉族四社（上）》，頁 191。
〔註 6〕　潘英海，《中央研究院民族學研究所藏道卡斯古契文書圖文冊》（臺北：中研
　　　　院民族所，1995 年），頁 201。
〔註 7〕　洪敏麟，《臺灣舊地名之沿革第二冊（上）》，頁 259。
〔註 8〕　蔡振豐，《苑裡志》，頁 49。
〔註 9〕　蔡振豐，〈蕃租原委〉，《苑裡志》，頁 199。
〔註 10〕　戴炎輝的研究指出，官隘分為全官隘與官四民六隘。全官隘只有新竹九芎林
　　　　隘與石碎崙隘；官四民六隘則有芎蕉灣的雞隆山隘、銅鑼圈隘、蛤仔市隘、
　　　　銅鑼灣隘、芎中七隘、大坑口等隘。因此推測南和隘為民隘性質較大。戴炎
　　　　輝，《清代臺灣之鄉治》，頁 544～545。

### 圖 4-1　鄭合成墾號所開墾的「十坑」位置圖

資料來源：本圖以 google 衛星圖為基礎，由筆者修改製成。

說明：圖中舊地名「隘頭」，可能就是南和隘設置之處，而從分布在南勢溪
　　　更上游的十坑（160～180 公尺之寬谷）位置來看，南和隘理應裁撤，
　　　或是往內山推進。

　　鄭媽觀除積極開墾土地外，也在民間擔任起土地交易的「中人」、[註11]
與調解糾紛的「公親」（見表 4-1），這說明了鄭媽觀在地方是極具聲望與權
威的人。[註12] 其實不僅鄭媽觀，在苗栗地區許多土地契約都有總理作為中
人，這樣的原因來自中國農村社會在土地買賣與租佃以及典當等交易活動，
中人皆扮演重要的角色。其重要性在於民間有相當部份的契約不可能一次完
成，如找貼、加典、借貸清償等問題，所以這些交易環節都需要有中人的協
助來完成。[註13] 所以擔任中人者通常是擁有相當的人際關係與聲譽，這樣
能讓交易更為「可靠」，這些人物包括地方基層組織的領袖人物（保長、總
理等）、族長、佃僕等人，[註14] 因此在許多契約可看到總理擔任中人的身

〔註11〕「中人」在明清時期又被稱為憑中、中見、中証人、居間等，是契約訂立過
　　　　程中除當事人雙方之外的第三方參與者。吳欣，《清代民事訴訟與社會秩序》
　　　　（北京：中華書局，2007 年），頁 159。

〔註12〕〈立杜賣埔園盡根契字〉，嘉慶十五年八月，收錄於陳水木、潘英海編著，《道
　　　　卡斯族蓬山社群古文書輯》，頁 209～210；〈立盡根杜賣水田契〉，道光十五年
　　　　十月，收錄於蕭富隆、林坤山編著，《苑裡地區古文書集》，頁 341；〈立杜賣
　　　　盡根店契字〉，道光二十九年二月，李瑞峰先生提供。

〔註13〕梁治平，《清代習慣法：社會與國家》，頁 120～126。

〔註14〕吳欣，《清代民事訴訟與社會秩序》（北京：中華書局，2007 年），頁 162～171。

份。〔註15〕此外，吞霄總理也常在土地契約中擔任「在場見人」，見證交易，這可讓兩造在日後發生糾紛時，在場見人「有能力」進行調解。這樣將有助於減少雙方的衝突，甚至可以不必走上衙門，私下就得到協商、妥協，穩定了民間的社會秩序。〔註16〕其次，如公親辦息人等角色，更是說明當地民人發生糾紛時，會邀請總理出來做公親，調停各方意見平息紛爭的例證。再者，如何尋找適合的人來參與制定契約，也透露出其內容的重要性，例如吞霄、苑裡有幾位總理常出現在地方大族的分家鬮書裡，這即是意味總理有能力見證、斷處這項家族大事。因此這些眾多的契約也顯示出地方民人對總理權威的肯定，他們也許就認為找上總理能保障他們的交易，並約束日後試圖違約的一方。

　　然而這些促成土地交易的人物，並非是無酬進行各種交易土地等契約，他們或多或少可以抽取一定比率的酬勞。〔註17〕我們可以合理推測這些報償與順利促成民間交易所拓展的名聲，對於沒有擁有國家薪俸，以及需要得到地方人士認同支持的總理等人而言，乃是日常生活中重要的村中事務。由此可見，這些責任與原本總理在村庄的功能是不謀而和的，立契人尋求具有官方代理人的總理來擔任中人，對於交易雙方來講，在某種程度上都能使交易更為穩固。

　　另外，民間常見的契約被火焚毀、遭竊等遺失後，雙方在重新抄錄契約時也會找鄉職人員前來見證。比如一名漢人在嘉慶二十四年（1819）向苑裡社番購得土地的原契被盜，於是在道光十四年（1834）請總理、庄正以及該社的土目來做見證人，而契約上則蓋有漢、番職員的戳記，一為漢人總理鄭媽觀；另一個為社番的總通事與土目。〔註18〕這裡的戳記之用，是讓這份重新抄錄的契約在鄉治職員的見證下得使其生效，顯示鄉職人員在地方的行政運作。

---

〔註15〕關於總理擔任中人的契約，光從《苑裡地區古文書集》就出現不少件數，可見有相當的比例存在著鄉職人員促成、見證民間的土地交易。

〔註16〕黃宗智，《清代的法律、社會與文化：民法的表達與實踐》（上海：上海書店，2007年），頁46〜47。

〔註17〕吳欣，《清代民事訴訟與社會秩序》，頁160。

〔註18〕〈立賣盡埔園契字〉，嘉慶二十四年十一月，收錄於陳水木、潘英海編著，《道卡斯族蓬山社群古文書輯》，頁265。

### 表4-1　吞霄總理擔任契約中人一覽表

| 時　間 | 契　名 | 地　點 | 參　與　人 | 資　料　來　源 |
|---|---|---|---|---|
| 嘉慶十五年八月 | 立杜賣埔園盡根契字 | 番社 | 爲中人鄭媽觀 | 道卡斯族蓬山社區古文書輯，頁208。 |
| 道光十四年七月 | 立賣盡山埔園契字（原契被盜，重新抄錄） | 牛屎嶺 | 總理鄭媽觀 | 苑裡地區古文書集（上），頁265。 |
| 道光十四年九月 | 立遜讓歸就山埔田薗契字 | 北勢庄 | 爲中人總理鄭媽觀 | 許雪姬，《龍井林家的歷史》，附文書契字S6。 |
| 道光十五年十月 | 立盡根杜賣水田契人 | 苑裡北勢洋 | 在場見人鄭媽觀 | 苑裡地區古文書集（上），頁341。 |
| 道光二十七年十月 | 立杜賣盡根店字 | 吞霄新街 | 在場見人：總理陳存仁；吞霄街正王丙秀 | 李瑞峰先生提供 |
| 道光二十九年二月 | 立杜賣店根契字 | 吞霄新街 | 爲中人：總理鄭媽觀、陳存仁；地保郭林生　代筆人：古開盛 | 李瑞峰先生提供 |
| 同治二年十月 | 立杜賣田園盡根契字 | 五里牌 | 在場人：總理張阿晨 | 陳水木先生提供 |
| 同治四年九月 | 立找洗絕斷田根字 | 南興庄 | 總理張阿晨　汛主侯元楨　保長黃連陞 | 陳水木先生提供 |
| 同治六年 | 立合約鬮單字 | 吞霄灣 | 在場斷人：吞霄灣庄正賴旺；總理黃山琳 | 潘英海，《中央研究院民族學研究所藏道卡斯古契文書圖文冊》，頁321。 |
| 光緒二年十月 | 立甘愿和息字（立契人爲南興庄庄正張有富） | 南興庄 | 公親辦息人：總理黃有陞、張鳳岐；吞霄街正江鵬程 | 陳水木先生提供 |
| 光緒三年十月 | 立胎借銀字 | 五里牌 | 在場見人：（胞叔）張鳳岐　代筆人：江鵬程 | 陳水木先生提供 |

　　道光年間，鄭媽觀更是在地方做了不少建設，其中倡建得到清政府鼓勵的天后信仰——慈惠宮，和整修十八世紀時在林爽文事件殉難遇害的壽同春祠。鄭媽觀帶領地方建立慈惠宮，除了顯示地方經濟力量的提昇，還意味著港口貿易的興起。此外，鄭媽觀很有可能具有商人的身分。慈惠宮肇建於道

光十三年（1833），〔註19〕不過由於經費短絀，因此總理鄭媽觀將嘉慶年間在十坑辛苦開墾的百餘甲土地變賣來建廟。慈惠宮的建廟動機，可由宮內戰後所立的沿革碑文來概略了解：碑文記載當時淡水同知看到吞霄商船往來頻繁，但港口流域不寬、河床淺窄，一旦有暴風雨侵襲，則會擁塞不暢，進而危及船隻。故淡水同知詳查該址風水地理甚佳，在此興建廟宇，期能保佑地方。而至廟宇完竣後，淡水同知就修表申奏，朝廷欽賜鄭媽觀爲「宣德郎」〔註20〕加以表揚。雖然這段建廟傳說看似模糊籠統，〔註21〕不過地方所要傳達的訊息是慈惠宮的建立，乃是受到官方的支持，並同時反映吞霄街的商業已日益發達，因此居民相信媽祖能保佑他們在海上一切順利平安。

此外，慈惠宮的倡建還可能是總理鄭媽觀凝聚當地漢人力量（甚至是閩、粵籍人的共同信仰）的手段之一。道光十二年，清政府有計畫的在此提高軍事層級，藉以防止吞霄再度成爲械鬥之地。隔年，鄭媽觀就倡建慈惠宮，故其寺廟性質可能不僅是屬於「村廟」。很有可能的，當初慈惠宮的建立動機之一，是爲了作爲總理召集其它村庄頭人，合議共同防禦的「公廟」。因此當總理接到官府命令後，我們可以想像，慈惠宮將成爲地方人士籌謀方法的場合。

---

〔註19〕 沈茂蔭，《苗栗縣志》，頁216；土地申告書紀錄當時有余阿江與胡阿在獻出地基一所做爲慈惠宮的建地。臨時臺灣土地調查局編，〈通霄庄土地申告書〉，編號171理由書。

〔註20〕 《清史稿‧卷一百十志八十五／選舉五／封廕》載：封贈之制，文職隸吏部，八旗、綠營武職隸兵部。順治間，覃恩及三年考滿，均給封贈。康熙初，廢文、武職考滿封贈。文職封贈之階，初正一品、特進、光祿大夫，尋改光祿大夫。從一品光祿大夫，後改榮祿大夫。正二品資政大夫。從二品通奉大夫。正三品通議大夫。從三品中議大夫。正四品中憲大夫。從四品朝議大夫。正五品奉政大夫。從五品奉直大夫。正六品承德郎。從六品儒林郎，吏員出身者宣德郎。正七品文林郎，吏員出身者宣議郎。從七品徵仕郎。正八品修職郎。從八品修職佐郎。正九品登仕郎。從九品登仕佐郎。中研院漢籍電子文獻，頁3193。另外，據筆者所見，清臺灣受皇帝賞賜宣德郎者尚有霧峰林奠國長子林文鳳與噶瑪蘭通判董鈞伯，以及新竹北埔姜秀鑾之孫姜榮富三人。臺灣銀行經濟研究室編，《臺灣霧峰林氏族譜》，頁244；徐宗幹，《斯未信齋文編》（南投：臺灣省文獻委員會，1994年），頁129；吳學明，《金廣福墾隘研究（下）》（新竹：竹縣文化，2000年），頁46。

〔註21〕 例如這個碑文記載當時「新竹縣主」來吞霄巡視，不過道光年間淡水廳並未析分新、苗二縣，因此筆者認爲碑文所指的新竹縣主應是指當時的地方官——淡水同知，也因此在正文的敘述裡改爲淡水同知。另外，諸如「宣德郎」等封贈，常見於後代子孫當官、建功後，清廷再行追封其先祖（當然，也許是特例封贈）。而廟裡放置欽賜宣德郎鄭媽觀的祿位照片，參見圖4-3。

　　慈惠宮建於商業機能最為發達的吞霄街，自興建以來便成為吞霄重要的地方公廟，除了受到地方人士的認同支持外，也成為當地權勢人物共議的重要場域。如同治年間官府諭辦清庄，地方眾人即在慈惠宮共同商議決策；光緒年間總理黃有陞欲爭奪另一名總理張鳳岐所管理的吞霄港抽分公費，就指控張鳳岐借著慈惠宮的名號，向地方恃勢督抽，讓庄民以為他實心為公，因此任他加派金額。〔註22〕由此，我們可以想像，當吞霄總理接到政府官員的命令後，便會在慈惠宮召集地方重要人士一同在此商量如何執行官方政策，並擬定相關辦法。此外，在地方擁有不小勢力的商業團體——金和安郊與舖戶等也曾捐錢替慈惠宮修護，同時配給寺廟祀田年穀40石；〔註23〕吞霄社亦固定分別貼補慈惠宮香油、普渡穀4石。〔註24〕可見地方顯要常透過（代表）慈惠宮的名義控制地方社會以及附近的財源，因此對吞霄來說慈惠宮的建立具有特別的歷史意義。

　　壽公祠，被地方尊稱為壽公的是在乾隆年間以七十歲高齡入幕，擔任淡水同知程峻的幕賓壽同春。在乾隆五十一年（1786）林爽文事件中，壽同春招集義勇平亂禦敵，勸諭安撫閩、粵各庄，力保北臺安危。但於十月率義民駐烏牛欄，在三十張犁（今臺中市北屯）與匪徒激戰後被擄磔之。〔註25〕事後，清政府賜壽同春知縣銜、並予恤蔭，入祀昭忠祠；其子壽聰，也以知縣任用。因此壽同春忠勇為國的行徑在清官員眼裡具有重要象徵，並且民間也傳出現庇祐的事蹟：「後來每著英靈，閤堡人民多受庇」。〔註26〕道光六年（1826）來臺巡視的水師提督許松年自行捐廉，並集合吞霄紳民於該地虎頭山建祠。鄭媽觀整修壽公祠的舉動，可說是有隱含效忠清政府的意味存在，更向官府表明了吞霄在他的管理之下地方安穩寧靜。另外，象徵忠義的壽公祠也吸引文人雅士來此祭拜，如鄭用錫之子鄭如松就在此留下詩句。〔註27〕

---

〔註22〕淡新檔案校註出版編輯委員會，《淡新檔案（十）》（臺北：國立臺灣大學圖書館，2004年），編號15211.8（光緒五年七月六日），頁225。

〔註23〕沈茂蔭，《苗栗縣志》，頁160。

〔註24〕淡新檔案校註出版編輯委員會，《淡新檔案（十三）》，編號17212.69（光緒十四年九月二十四日），頁364。

〔註25〕不過為何在彰化縣三十張犁遇害的壽同春，會在淡水廳的吞霄建祠，其原因無法得知。

〔註26〕蔡振豐，《苑裡志》，頁139～140。

〔註27〕鄭如松，〈謁壽公祠〉：「幕府奇男子，臨危授命天。干戈起蠻觸，坏土弔烏鳶！此節盡人諒，無官仗汝賢。至今留血食，社酒賽年年。」蔡振豐，《苑

也因此，壽公祠在某種程度上成爲國家與地方社會之間的銜接點。

## 二、地方聲望的累積

鄭媽觀除了建設地方之外，本身也累積豐厚的聲望。如前面所引用的稟文，當時出面聯合向官員具保的地方顯要便多達數十人（包含支持他的三十餘間舖戶），因此我們可從這份保結名單做爲考察線索，來了解鄭媽觀的交友圈。

首先，名單內的重要人物是具有監生功名的古松榮，他早在嘉慶十九年（1814）時於自己居住的內湖庄倡建供奉玄天上帝的眞武宮，〔註 28〕自己也捐贈一對木刻楹聯放置在鄭媽觀所倡建的慈惠宮之正廳兩側，〔註 29〕可見二人的關係建立已久，其交遊關係也匪淺。此外，在道光二十一年（1841）鄭媽觀也曾與名單內的苑裡總理梁媽成、董事呂假己、日北山腳庄庄正蘇德，以及日北火焰山隘首林福共同解決地方糾紛。這樁糾紛記錄在淡新檔案中，案件糾紛從道光十八年至二十二年（1838～1842），並經歷四任同知審理，最後在曹謹任內，才得以解決。起因於苑裡日北火焰山隘丁溫隆栢，接任其隘隘首辦理隘務，不過因溫氏怠於防守，導致生番侵入日北山腳庄，焚毀九座茅屋以及圍殺庄民十二人。由於溫隆栢居住在離隘有三十餘里的銅鑼灣，於擔任隘首期間時常離隘回家，所以被控導致隘務廢弛；因此眾人商議將溫隆栢辭回，另舉他人充任隘首。不過溫隆栢卻不肯交還約據，並且架詞誣告與佃戶們爭執，延宕一年有餘仍無法順利解決。爾後，吞霄總理鄭媽觀前來向溫隆栢進行「勸處」，讓眾佃鳩出佛銀壹佰元貼給溫隆栢才得以解決。不過溫隆栢收到資金後，向官府退辦在案，卻仍向當時的同知范學恆瞞混承充。最後由淡水分府曹謹責成鄭媽觀、梁媽成等人調查處理，並由苑裡總理、董事推舉林福接任隘首，才讓該案件眞正告終。〔註 30〕

吞霄總理鄭媽觀往苑裡內山一帶調解隘首糾紛，很可能與鄭媽觀曾在嘉慶年間於吞霄鄰近苑裡之處的南和一地開墾，並與設隘防番的經驗有關，因

裡志》，頁 209。

〔註 28〕 沈茂蔭，《苗栗縣志》，頁 221。

〔註 29〕 沈茂蔭，《苗栗縣志》，頁 163。另外，古松盛敬獻的對聯爲：「靈鳥來時橫海鯨波千島靜，慈雲過霧兼天鎚浪一帆平。」其對聯可見本章圖 4-4。

〔註 30〕 淡新檔案校註出版編輯委員會，《淡新檔案（十四）》（臺北：國立臺灣大學圖書館，2005 年），編號 17302.44～59（道光二十一年十一月十八日～道光二十二年三月二十三日），頁 95～104。

此苑裡總理梁媽成等人借助鄭媽觀所擁有處理隘務的經驗，前來協調這起糾紛。此外，鄭媽觀也曾於緊鄰銅鑼灣的烏眉坑開墾，因此在地緣方面也有認識溫隆栢的可能。〔註31〕所以在鄭媽觀為互控兩造都熟識的狀況下，被認為是足以擔當調解任務的公親。且鄭媽觀與溫隆栢同屬粵籍，比起閩籍總理，似乎被認為不會偏袒閩籍，而更加適合調解糾紛。

　　從上述的討論中，不管於公於私，鄭媽觀在官府與鄉里間必能建構自己的地位和名聲。在許多官員痛陳充當總理者多為不正之人的當時，鄭媽觀在其任內突出的建設與領導，對於地方官而言乃是不可多得的總理。然而鄭媽觀在道光二十二年（1842）遭到曹謹斥革，並且導致日後地方與官府在總理選任上的歧見。

図4-2　鄭媽觀畫像　　　　　図4-3　慈惠宮內鄭媽觀祿位

資料來源：筆者田野調查時所拍攝（現存於慈惠宮右廂房）

〔註31〕鄭媽觀當時開墾之地，後稱為媽觀窩。中華綜合發展研究院總編纂，《通霄鎮志》，頁20～27。

圖 4-4　道光十七吞霄監生古松榮所捐獻的木刻楹聯（現存於慈惠宮正殿兩側）

資料來源：筆者田野調查時所拍攝

圖 4-5　鄭媽觀活動範圍圖

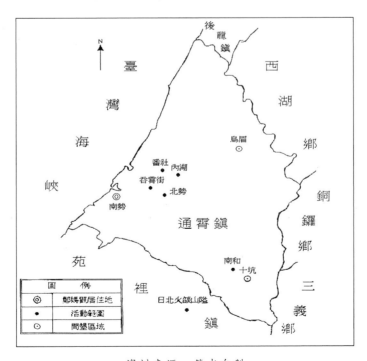

資料來源：筆者自製

### 三、鴉片戰爭下的地方動員

影響鄭媽觀掌握街庄自治權以及晉升士紳階層的重要關鍵，在於道光末年的鴉片戰爭。道光二十年（1840）清政府與英國因鴉片問題開啓戰爭，英國炮艦侵擾中國沿海都市，臺灣也因而進入備戰的狀態，如第二章所述，主持臺灣防務的福建臺灣道姚瑩便積極規劃防臺灣沿海港口的軍事準備。另一方面，督勸地方團練義勇的工作自然落在各廳縣的地方官員身上，身爲淡水廳地方父母官的曹謹便在這個脈絡下，要求竹南三保的總理進行防禦措施與招集義勇，當然這樣子防範目的不僅在於英國的侵入，還必須防範趁機滋事的臺灣匪徒，以及與英國勾結的匪船滋擾。

在討論竹南三保的地方動員之前，我們有必要知道曹謹以往處理縣政與治匪事蹟，這些經驗與態度，順利讓竹南三保內的街庄動員起來。曹謹於道光二十一年七月起擔任淡水同知（1841～1845），在此之前曾擔任鳳山知縣（1837～1841）。曹謹在鳳山縣的有名治蹟即是做了爲人熟知的修築大圳工程，這樣的水利設施讓灌溉面積更廣大，使水田稻作的生產能更有效率。此外曹謹在任內也積極地維護地方秩序；一項較少被學者提及的事蹟，就是他厲行清庄。曹謹在中國任官時就富有緝盜平亂、清庄聯庄的經驗，他曾在道光十七年（1837）親自帶兵在鳳山縣各里進行清庄稽甲的工作，其範圍遍及閩粵村庄、港澳街市營汛要隘，以及盜匪出沒藏匿等處。〔註32〕筆者認爲上級官員讓曹謹接任前同知范學恆的職位，有整頓防務與監督總理動員地方聯庄團練的意圖存在；在曹謹未上任之前，彰化縣在道光二十一年（1841）九月大肚中、下堡各庄已制定出清庄團練章程。〔註33〕從曹謹上任後急催竹南三保總理進行聯庄團練的態度來看更是明顯，也因此曹謹將嚴格監督總理是否如實帶領地方執行清庄、聯庄之要務。

曹謹積極曉諭竹南三保總理進行聯庄，是因爲該保的沿海已有匪船入侵的跡象。道光二十二年（1842）九月十六日，吞霄港洋面有匪船四處游弋，當時官府兵役會同總董鄭媽觀等人，駕船出海追捕，捕獲 16 名賊匪，並起出九節砲 1 門、鳥鎗 5 桿、火罐 4 箇等武器，以及漳浦縣給發金得利小漁船牌

---

〔註32〕林樹梅，〈清庄記程〉，收錄於《全臺文》，頁 53～55；王俊勝，〈金門文士林樹梅與曹謹在鳳山知縣任內的事功關係初探〉，收錄於國立中山大學清代學術研究中心編，《鳳山知縣曹謹事蹟集》（臺北：文津，2004 年），頁 135、138。
〔註33〕目前最早地方聯庄團練的史料爲該份聯庄條約，其原契見許雪姬，《龍井林家的歷史》（臺北：中研院近史所，1990 年），文書契字編號 S10。

照一紙，其餘賊匪則鳧水逃脫。〔註 34〕不過鄭媽觀捕匪的事蹟並沒有馬上受到重視，直到道光二十六年（1846）鄭媽觀才被賞賜六品頂戴。值得一提的是，從當時官員擬訂的請賞奏摺顯示，鄭氏所帶領的地方武力是以義民組成而不是地方團練，這就顯示吞霄在這段期間並未進行聯庄團練，而是由總理臨時號召義民來追隨官府平亂。〔註 35〕然而鄭媽觀在未獲得頂戴榮身的時候，他的總理職位已經因故不保了。

道光二十二年（1842）十一月鄭媽觀被曹謹以「誤公」為由斥革，雖然當時地方人士連名力保鄭媽觀繼續留任總理，但在曹謹強硬的態度下，地方人士便推舉一位在吞霄街上開乾菓店的劉振德（四十二歲，陸豐縣）來充任總理缺額。在曹謹認可並給發諭戳後，便勉力地吩咐劉振德趕緊辦好清庄、聯庄事宜，以及在重要的路徑搭蓋更樓，與派庄民駐守等事務。〔註 36〕

由曹謹念茲在茲的任務看來，鄭媽觀所謂的「誤公」，似乎是未將上述庄務辦好，以致被斥革免職。這意味著即使鄭媽觀擁有地方建設與緝捕匪賊的功績，但因未能配合曹謹清庄、聯庄的政策，以及查出不法之徒並且聯合街庄建立起地方防盜組織，仍被曹謹認定鄭氏已誤公失職。曹謹除了諭示吞霄總理辦理清庄、聯庄事宜，竹南三保的苑裡街庄總理也接到相同的命令。同樣的，苑裡街庄總理鄭文博也以未做好清庄事宜，被以辦公不力為由，遭到曹謹斥革。於是苑裡地方人士在當地的天后宮僉議，選出張媽喜來接充總理，並且另外僉舉庄正與族長，曹謹也堂諭張媽喜快行清庄、聯庄一切事宜。〔註 37〕

在接續討論吞霄總理如何進行聯庄之前，可先觀察聯庄組織所帶來的基層行政區域之轉變。林玉茹的研究認為先前吞霄總理鄭媽觀被斥革時，苑裡街庄總理梁媽成率領吞霄、苑裡人士連銜具稟留用的情況，是由於吞霄街庄總理似乎並未完全獨立運作，到了在曹謹分囑兩地總理各自聯庄之時，才脫離苑裡街的影響而獨立運作。〔註 38〕然從資料顯示，在兩地各行聯庄之前，

〔註 34〕姚瑩，《東溟奏稿》，頁 149〜157。
〔註 35〕中國第一歷史檔案館，《嘉慶道光兩朝上諭檔（五十一）》（桂林：廣西師範大學出版社，2000 年），頁 299〜300。
〔註 36〕淡新檔案校註出版編輯委員會，《淡新檔案（三）》，編號 12203.9（道光二十二年十二月二十日），頁 91。
〔註 37〕淡新檔案校註出版編輯委員會，《淡新檔案（三）》，編號 12203.10-15（道光二十三年七月初九日〜道光二十三年九月十五日），頁 91〜95。
〔註 38〕林玉茹，〈閩粵關係與街庄組織的變遷——以清代臺灣吞霄為中心的討論〉，

吞霄、苑裡是「聯保」進行運作的，也就是筆者先前所強調在聯庄之前，總理並沒有明顯的轄區劃分，雖然他們各自有潛在的地域區隔，但基本上仍是以「保」來處理事務。這也就是先前鄭媽觀到苑裡調處隘首糾紛，以及苑裡總理梁媽成替鄭媽觀具稟的原因所在，因此筆者認為吞霄並沒有隸屬苑裡的關係存在。於是，這次竹南三保經由兩地總理動員聯庄，已分成兩個總理轄區。其過程為里保區域下的街庄分化，這些街庄開始有明顯的總理轄區之區隔，往後的基層行政也各自交由總理在其轄區執行。

圖4-6　道光二十三年（1843）竹南三保吞霄、苑裡的聯庄組織圖

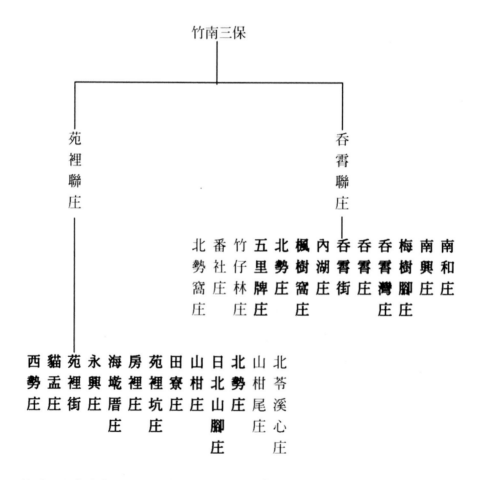

說明：此為吞霄、苑裡兩地的街庄聚落，其中粗體字為當時確實簽署聯庄合約的村庄。

頁90。

## 四、吞霄聯庄合約的形成

接充鄭媽觀總理職務的劉振德，最主要的工作是辦理吞霄地區的清庄、聯庄事宜。他在花費近十個月的時間與各庄正副、鄉保共同議定後，終於在道光二十三年（1843）十月二十四日訂出清庄聯絡條款，並造冊稟繳。這條款頗得曹謹認可，批示：「據稟清庄聯約條款極為允協，務宜持之以賞永久遵行，毋得始勤終怠，是為切要。」其條款內容如下：

竹南三保吞霄街庄

仝立合約。竹南三保吞霄街庄總理、各庄正副、舖民人等，為遵奉憲諭清庄，聯絡防挐盜匪，備禦英逆，肅靖地方事。茲蒙　分憲諭飭該保內清庄，聯絡團練壯勇防禦盜匪、英逆，良法美意等因。仰見　仁憲為國為民之至意也。惟是官有正條，民須約議，遵即設于街公所，齊集總理、各庄正副、舖民人等，公仝僉議，酌約防拿盜匪，備禦英逆條規，各聲敘分明，妥洽機宜開列于左。既約以後，該保內總理、正副舖民人等，務須凜遵　憲諭清庄，聯絡保護愛民、肅靖地方至意。宜照僉議酌約規條而行，無分彼此，無挾嫌疑，守望相助，出入相友，如有一庄被盜偷劫，鳴鑼喊救，各庄相應，當仝心協力，勿袖手旁觀。庄民壯勇聯絡挐究，如有英逆肆擾，備禦一體，庶盜匪知法斂跡，而英逆聞風□逃，可見保內地方均齊肅清，庄民安居樂業，共托光天化日之下，長享盛世昇平之福。如有不遵憲諭，不依僉約，公仝僉呈究儆不貸，合仝立僉約字一樣。除一本稟繳存案外，各庄收執一本。存炤。

計開條目：

一約、遵憲諭巡挐盜匪，各庄派撥壯勇，日夜支更梭織巡查，如遇盜匪劫搶，以及英逆修擾，鳴鑼為號，各庄聯絡協力攻擊。

一約、遇有村庄被盜竊劫，以及道路行旅往來被盜匪劫搶，喊救聞聲，該庄聯絡相應，協力圍挐。如畏縮不前，以及袖手旁觀，公議該庄究盜賠贓稟究。

一約、如盜匪被追走入某庄，該庄不挐，即就該庄究盜賠贓。另各庄宜建高樓，得以登高瞭望，倘有不遵，惟庄正副是問。

一約、如有勾引盜賊窩藏匪類者，被眾等知覺，即將家資充公，并跟究盜匪挐究。

一約、如有追捉強盜被強盜斃命者，公議給銀壹佰大元，以助棺槨衣衿之資。如有被強盜打傷者，公議請醫調治痊愈。

一約、如有能當場打死強盜者，割耳鼻為証，公議賞銀拾貳元；如有能當場拿獲強盜者，賞銀貳拾元；如有拿獲強盜白晝截途者，查實，賞銀陸大元。

一約、如良善之人被人扳累，及恃強欺弱者，眾等共相僉呈公稟究辦。

一約、以上僉約條規內，應費用銀員，即就街庄舖戶人等勻鳩交出付用，不得臨時推諉延誤，違者公議稟究。

一約、葫蘆墩等處，宜暗託妥人打听，遇有盜賊入淡，先報總理，務得確寔，公賞銀壹大元，立刻飛報各庄正副及宛裡、日北等處衿者、義首、總理，集齊壯勇，把截要路趕信之人，計程十里，賞工資錢貳佰文。合算給領。

一約、每日申刻各庄正副宜暗傳口號，以免黑夜殺賊錯誤。

一約、近有一種游手好閑之徒，偷挖園蔬地瓜，但事雖小，不可不嚴，自約禁以後，凡有挑地瓜，宜在市廛買賣，不得私買私賣，如有此情，公罰。

道光貳拾參年十月日仝立合約〔註39〕

這份合約是目前北臺灣所見最早的聯庄合約，主要有助於我們了解總理等鄉職人員如何共同商議防盜拿賊的規範，以及各庄職務的分配；其次，從合約議定內容，也能反映出地方社會如何做出符合官員期待的規約。

促成此合約的成立，主要是來自清政府防備英國與臺灣匪徒的命令，所以地處沿海的吞霄街庄，在約內陳明各庄需有防禦英國的準備。而約內所提及「葫蘆墩等處，宜暗託妥人打听，遇有盜賊入淡，先報總理，務得確寔……」則因為吞霄靠近淡、彰交界，彰化縣管轄的葫蘆墩（今臺中市豐原區），常有匪徒興亂，在治安局勢不穩時仍需加強戒備。〔註40〕另外很有可能是防

〔註39〕淡新檔案校註出版編輯委員會，《淡新檔案（三）》，編號 12203.17（道光二十三年十月），頁 95～97。

〔註40〕吞霄防備彰化縣匪徒的原因是因常受其騷擾，光緒五年總理黃有陞即向官員稟稱：「竊思吞霄地方，面海背山，南連彰界，咫尺之區，每有彰匪竄入境內，勾結橫行，庄民不安枕席，爰是眾議鳩抽在地經費，以資防禦……」淡新檔案校註出版編輯委員會，《淡新檔案（十）》，編號 15211.2（光緒五年五月十

範來自彰化縣閩人的再次仇殺；其次在防賊緝匪的聯庄經費方面，〔註41〕則由舖戶人等均鳩交出付用，並且有強制捐派的意味存在。〔註42〕總之，合約內容主要是爲了言明各庄將進行清除匪徒、與聯庄加強防禦的工作，並且將合約條款上繳官府存案，各庄皆收執一本，日後發生事情時，都能有所參照，可依約獎懲。

　　不過，新任總理劉振德在接下鄭媽觀位子後，雖然與其他地方人士快速商議出令曹謹點頭稱道的清庄聯絡條款，卻仍然被認爲「辦事不前」而被吊銷戳記，〔註43〕至於所謂的「辦事不前」應當是指他並未根據所議定的條款繼續進行。曹謹將劉氏斥革後，便不再要求地方公議推舉人選，而是以差役查訪的方式，認爲擁有監生身份的古阿才適合擔任，因此飭差協同庄正王丙秀等人傳古氏赴轅驗明正身。〔註44〕這樣的舉動說明曹謹不甚滿意地方的推舉，也意味著他希望擔任總理的人，是與國家政權依存的地方顯要，而非那些陽奉陰違又辦公不力之徒。

　　然而，古阿才卻辭拒該職務，他回答差役等人說他趕著回內地省親，並修理祖墳，無法承充總理，堅持不肯遵傳。〔註45〕古氏拒絕的理由或許切實，但實際上，要古氏能得到地方支持，並有能力向舖戶等人鳩集防禦經費，以如實地完成官府任務，也並非易事。吞霄聯庄合約形成的經過，即說明擔任總理者必須有能力協合地方勢力，更重要的是，此時總理所能掌控的地方利益並未明顯構成。

---

〔註41〕　四日），頁219～220。
〔註41〕　聯庄經費來源由地方人士公議決定，因此各地皆有差別。有的村庄以農耕爲主要生產，便均派田甲時額分派；或是事主（被害人）需負擔部份，剩下均派田甲；又或業六佃四分等。概要性的說明可見戴炎輝，《清代臺灣之鄉治》，頁262。
〔註42〕　吞霄舖戶成爲聯庄經費的支付者，可能是該港市多爲富戶聚集，容易成爲盜匪搶劫目標。如姚瑩記載：「大甲、吞霄、後瓏、中港、大安、烏石港，其他私僻港口，不可勝紀。無業之民，偷渡日多，非遊聚市廛，則肆爲盜賊，捕治不勝其眾。」因此治安問題與舖戶財產有直接利害關係，於是負擔其經費。姚瑩，〈臺灣班兵議（上）〉，《東槎紀略》，頁96。
〔註43〕　淡新檔案校註出版編輯委員會，《淡新檔案（三）》，編號12203.18（道光二十三年十一月初九日），頁97。
〔註44〕　淡新檔案校註出版編輯委員會，《淡新檔案（三）》，編號12203.20（道光二十三年十一月十一日），頁98。
〔註45〕　淡新檔案校註出版編輯委員會，《淡新檔案（三）》，編號12203.19（道光二十三年十一月十八日），頁97～98。

　　於是在古阿才的婉拒後，庄正王丙秀另外向曹謹推薦古開盛來接任總理。不過差役向曹謹稟報古開盛乃是先前已被斥革之總理，因此曹謹不准他再次充任，令其另舉適當人選稟候察驗。〔註46〕在曹謹不得人選的狀況下，地方又獲得推舉機會，他們推舉同樣在吞霄街做生意的舖民梁壬生（四十六歲，嘉應州人）充當總理，〔註47〕在順利接充不久後，梁壬生等人開始安置「適當」的人來充當董事，主動地以地方欠缺董事來幫理庄規、約束地方為由，保結在街上開油車店的陳存仁（三十歲，同安縣人）來擔任該職，也獲得到曹謹的允准。〔註48〕梁氏主動向官府推薦陳存仁擔任董事，意味著二人關係的信任與親密，讓陳存仁加入治理街庄的鄉治組織，這種舉動說明鄉職人員有著互相依存的需要，同時也看出吞霄街是閩、粵商人聚集之處。

　　自從鄭媽觀被斥革後，我們可以發現出來擔任總理的人物皆是吞霄街上舖民。推派他們充任總理的人與當初出面保結鄭媽觀的勢力有很大的重疊，可以說這段期間都是由當地同一個勢力團體共同商議人選，出來應付官府的各種指派。雖然曹謹一度不滿意地方的推舉人選，想自己找出適當的人才，但是在地方換湯不換藥的情況下，最終還是接受地方的「安排」。也就是說，地方早已凝聚出利益與共的共同體，更何況聯庄經費來源是由舖民均鳩為主，因此唯有攸關自己利益的勢力出來擔任總理，才有辦法決定如何「執行」聯庄下的自治權與地方公費。

## 五、道光末年的地方政局

　　從曹謹斥革吞霄、苑理總理的過程，充分展現出官府權威與嚴格督辦的態度。當新任知府上任，也就意味地方官員能夠有別於前任，選擇更適合自己的人選作為在地方的代理人；也或者提供地方有心人士再次「謀得」總理的機會。而吞霄街庄的總理選任，於道光末年之後每每在官員更迭之際，也面臨到這個問題。道光二十五年（1845）曹謹的離任，使吞霄總理人選出現波動，從現存的檔案裡可以發現，接任曹謹的淡水分府史密，在五月左右發

---

〔註46〕淡新檔案校註出版編輯委員會，《淡新檔案（三）》，編號12203.21（道光二十三年十一月二十三日），頁98～99。

〔註47〕淡新檔案校註出版編輯委員會，《淡新檔案（三）》，編號12203.22、27（道光二十三年十一月三十、三十一日），頁99、101。

〔註48〕淡新檔案校註出版編輯委員會，《淡新檔案（三）》，編號12203.28-31（道光二十四年四月三十日～道光二十四年五月初三日），頁99～103。

了一張票給差役，令傳古開盛（街耆身分）驗充接任梁壬生擔任總理，〔註49〕
這樣的命令讓支持總理梁壬生的地方勢力相當緊張。此時就顯示出梁壬生當
初保結陳存仁擔任董事的意義之一──職位的互保；於是陳存仁與原本推薦
古開盛當總理的王丙秀（顯然王氏這次不再支持古開盛）等人急忙聯名具
稟，稱道：「茲前任老爺案內，係古開盛辦理時，吞民優〔憂〕怨而不敢言
後，又覆謀充辦，又蒙憲聰識破機關。但地方□〔公〕務關重，必遴選酌舉
妥人接辦」〔註50〕由此可知，這些地方人士認為古開盛已是被前任官府斥革
之人，〔註51〕並且因其操守不良，實在不再適任總理。他們經由地方共同酌
議後，向官府提議可否將原戳飭發給梁壬生暫行辦理，或者再重新遴選，才
是有利於地方的舉措。不過，雖然陳存仁等人向新任的知府暗指古開盛是個
有問題的人，也提出他們的看法，但史密並沒有採納，以「以傳古開盛驗明
准充」為由，仍然給予戳記照行辦事。然而古開盛的惡劣行跡，卻在同治元
年（1862）七月的搶案中暴露出來，而且其罪非同小可。〔註52〕

　　吞霄街庄在咸豐年間以後將有著卓越的發展與改變，在討論這些變化之
前，一份道光二十九年（1849）的地契，可供我們觀察道光末年的街庄政權
又有什麼樣的異動。這份古文書是舖戶松盛號向隔壁的林家購買一座茅店，
當中的總理中人為總理鄭媽觀與陳存仁，〔註53〕代筆人則是曾擔任過總理
的古開盛。〔註54〕由此我們可以知道鄭媽觀在將近八十歲的高齡時又再次
擔任總理，而陳存仁最晚在道光二十七年（1847）時也從董事任職至總理。
〔註55〕更需關注的是，此時吞霄街庄從一位總理管轄，變成兩位總理統管
（並且分屬閩、粵籍）。從地方行政的角度來看，這樣的改變說明吞霄庄務
已日益繁多，必須多設一人總理以便濟事；而閩、粵籍分別出任總理則顯示
地方族群分類的問題。此外，古開盛則在短短幾年之間已離開了原本覬覦的

〔註49〕淡新檔案校註出版編輯委員會，《淡新檔案（三）》，編號12203.33（道光二十
　　　五年五月十一日），頁104。
〔註50〕淡新檔案校註出版編輯委員會，《淡新檔案（三）》，編號12203.32（道光二十
　　　五年五月初八日），頁103。
〔註51〕斥革總理再行復充的現象非常普遍，就像吞霄總理鄭媽觀在先前有三退三舉
　　　的紀錄。其實總理復充不是多大的問題，重點是他們如何是否再次受到地方
　　　支持，或用各種取巧的方法瞞混過關。
〔註52〕古開盛的行跡筆者將在第二節深入探討。
〔註53〕戳記為道光二十八年接任淡水廳同知的黃開基給予。
〔註54〕〈立杜賣盡根店契字〉，道光二十九年二月，李瑞峰先生提供。
〔註55〕〈立杜賣盡根店契字〉，道光二十七年十月，李瑞峰先生提供。

職位。從這三人共同替舖戶處理田土買賣的狀況來看，先前陳存仁與古開盛之間的糾紛則又顯得撲朔迷離，不過也再次驗證總理與舖戶之間一直存有密切的利害關係。

　　從鄭媽觀的例子可以看出，他在道光年間所建構的聲望勢力，使得他能長居總理職位。雖然之後在曹謹的斥革與監督下，鄭媽觀暫時無法重回職位，而地方也開始出現如古開盛這般人趁機充任，破壞原本由地方權勢團體建構的公議規則，不過當備受尊崇的鄭媽觀再行出任時地方可說又恢復一片寧靜。在吞霄，擔任總理者唯有卓越的能力，才能調解眾人糾紛與約束、管理數個村庄，因此街庄自治權的歸屬究竟還是掌控在地方最有權勢者的手上。最後鄭媽觀所建構的地方威望與人際關係，仍在他亡故後繼續留存，其子鄭騰芳可能在咸豐元年就接任總理，並在他父親在世時與日北社番交好的業戶北合興包辦其番大租與屯租。〔註56〕

### 表 4-2　清代吞霄街庄歷任總理

| 姓　名 | 籍　貫 | 已知任職時間 | 身分職業 | 資　料　來　源 |
|---|---|---|---|---|
| 鄭媽觀 | 粵籍（海豐縣） | 嘉慶初年至道光 29 年（期間四退四舉） | 墾戶 | 《淡新檔案（三）》，編號 12204.3；〈立杜賣店契字〉 |
| 劉振德 | 粵籍（陸豐縣） | 道光 22 年 12 月 19 至道光 23 年 11 月 9 日 | 經營乾果店（舖戶） | 《淡新檔案（三）》，編號 12203.7、8、18 |
| 梁壬生 | 粵籍（嘉應州） | 道光 23 年 11 月 31 至道光 25 年 5 月 8 日 | 吞霄街生理（舖戶） | 《淡新檔案（三）》，編號 12203.24、27、32 |
| 古開盛 | | 道光 25 年 5 月 21 日復充 | 街耆契約代筆人 | 《淡新檔案（三）》，編號 12203.34；〈立杜賣店契字〉 |
| 陳存仁 | 閩籍（同安縣） | 最晚道光 29 年 | 經營油車店（舖戶） | 〈立杜賣店契字〉 |
| 張阿晨 | 粵籍（海豐縣） | 咸豐年間至同治年間 | 地主 | 《淡新檔案（十）》，編號 15211.3 |
| 黃山琳 | | 同治 6 年 | | 《淡新檔案（三）》，編號 12208.2；〈立合約鬮單字〉 |

〔註56〕鄭騰芳可能在其父鄭媽觀於道光三十年亡故後受到地方人士的推舉接任總理；這樣的推測來自同治三年淡水同知鄭元杰向在咸豐元年接收日北社業戶北合興大租屯租的鄭騰芳催繳欠款時，曾稱：「業戶北合興即前總理鄭騰芳」。淡新檔案校註出版編輯委員會，《淡新檔案（十六）》（臺北：國立臺灣大學圖書館，2005 年），編號 17411.33（同治三年七月初十日），頁 173。

| 鄭騰芳 | 粵籍（海豐縣） | 咸豐元年？同治年間復充 | 墾戶 | 《淡新檔案（十六）》，編號17411.33；《淡新檔案（十）》，編號15211.3 |
|---|---|---|---|---|
| 張鎮邦 | | 同治年間擔任總理 | | 《淡新檔案（十）》，編號15211.3 |
| 張鳳岐 | 粵籍 | 同治年間開始擔任總理，光緒7年遭斥革 | 地主 | 《淡新檔案（十）》，編號15211.3；《淡新檔案（三）》，編號12224.3 |
| 黃有陞 | 閩籍 | 同治11年至13年為副總理，光緒元年至光緒6年為總理 | | 《淡新檔案（三）》，編號12302、12213.4 |
| 饒廷襃 | | 光緒元年 | | 《淡新檔案（三）》，編號12303.2 |
| 林愈薰 | 粵籍（饒平縣） | 光緒7年9月至光緒9年12月6日 | | 《淡新檔案（三）》，編號12224.3 |
| 張鳳岐 | 粵籍 | 最早於光緒9年復充、光緒14年12月仍在任 | 地主 | 《淡新檔案（三）》，編號12224.3；《淡新檔案（三）》，編號12240.1 |

資料說明：

1. 〈立杜賣店契字〉，道光二十九年二月，李瑞峰先生提供。
2. 〈立合約鬮單字〉，同治六年四月，收錄於潘英海，《中央研究院民族學研究所藏道卡斯古契文書圖文冊》，頁321。

## 第二節 咸同之際的張阿晨與地方社會

張阿晨是繼鄭媽觀之後長期擔任吞霄總理的地方人物，比起鄭媽觀與吞霄街舖戶以合議的方式管理街庄，張阿晨則開始藉由總理的職位包攬地方資源，並與地方政府時有合作、規避的行為，從張阿晨的例子中，我們將可以觀察到另一種國家與地方之間的合作模式。

### 一、地方支配

張阿晨，惠州府海豐縣茉頭藍鄉人。張氏家族的來臺祖為張舉華，他在乾隆年間與其孫張仕尚從海豐渡海至大安港，但張舉華因年事已大，病死於船上。張仕尚在上岸後遷徙到吞霄拓墾，並育有七子，其中五子慶寶、慶南、慶河、慶週、慶玉，皆居住於吞霄各地。張慶玉定居於五里牌一帶，開闢田地甚多，其育有四子，長子即進晨（阿晨）、次子進碩、三子進件、四子鳳岐

（阿鳥）。〔註57〕道光二十二年（1842）鄭媽觀被斥革時，五里牌庄正張阿上曾連署替鄭媽觀求情，筆者推測張阿上應該是張阿晨的親族。此外，五里牌張家一直以來就是當地有名的村庄領導家族，他們曾在道光年間協力倡建名為慈雲寺的廟宇，以宗教信仰厚植家族影響力。道光末年張阿晨自己也逐漸展露頭角，道光二十九年（1849）他與鄭媽觀、陳存仁等人捐題大甲街的林氏貞節牌坊；〔註58〕隔年又向鄭媽觀購買三間位於吞霄街的房子，〔註59〕而張阿晨本身也開了店面作起生意。〔註60〕可見張阿晨已經擁有不少的財富，並且也打進地方政經中心——吞霄街。張阿晨雖有財富，但帶給他號令街庄與影響地方的機會則是在擔任吞霄總理的期間，張阿晨一方面逐步藉由職權掌握各項資源並擴充地方權勢，另一方面則與清政府合作走向五品軍功的道路。

吞霄自咸豐年間以來，由於擁有比竹南三保其他港口更為良好的泊船條件，並且在官兵的駐防下，市街的規模逐漸擴大，〔註61〕而港務日益興盛的吞霄港，在咸豐初年開始向出港貨物抽分作為地方防禦的公共經費。〔註62〕咸、同年間以後，吞霄內山資源豐富，讓吞霄成為竹南三保的重要市街。這項重要資源——樟木，讓吞霄頓時吸引許多趨利者大力投入。尤其在咸豐十年（1860），臺灣開放通商之後，樟腦透過英商的貿易需求，廣受歐洲市場的歡迎。如香港英商的「怡和洋行」（Jardine, Matheson & Co.）就曾在吞霄建立商業據點（怡和向在淡水、艋舺、香山、後龍等四處設棧），其商務代理人 Thomas Sullivan 於咸豐十一年（1861）六月十一日在吞霄南勢庄買屋為棧，並僱用張番婆等三人搜購樟腦。〔註63〕當然樟腦的利益不僅受到外商所

〔註57〕苗栗縣通霄鎮五南發展協會等，《珍藏五南：五南社區文史采風》（苗栗：苗縣五南社區發展協會，2009年），頁6。

〔註58〕何培夫主編，《臺灣地區現存碑碣圖誌　臺中縣市・花蓮縣篇》（臺北：國立中央圖書館臺灣分館，1997年），頁62～64。

〔註59〕臨時臺灣土地調查局編，〈通霄庄土地申告書〉，編號131理由書。

〔註60〕〈立杜賣盡根店契〉，同治四年十二月，收錄於臨時臺灣土地調查局編，〈通霄街苑裡庄及通霄灣庄查定名稱乙件〉，編號壹號之乙。

〔註61〕林玉茹，〈閩粵關係與街庄組織的變遷——以清代臺灣吞霄為中心的討論〉，頁88。

〔註62〕光緒五年總理張鳳岐稱吞霄港抽分成已經辦二十餘載，因此照其說法推算時間為咸豐初年開始有此規定。淡新檔案校註出版編輯委員會，《淡新檔案（十）》，編號15211.3（光緒五年七月六日），頁219。

〔註63〕黃富三，〈臺灣開港前後怡和洋行對臺貿易體制的演變〉，收錄於黃富三、翁

重視，同年九月蘇州商人盛大奎也打算私下偷運蘇澳、吞霄的樟腦出口獲利，引起淡水同知秋日覲的注意。〔註64〕當時，為了防止樟腦偷渡販售，秋日覲命令總理在海口一帶加強巡緝，規定如果總理能緝獲私腦，就能從中得到一半的賞賜，甚至得以被地方官員「破格保舉」；〔註65〕此外，官府同時派軍工匠首金榮昌於吞霄街成立軍工料館，來加強管理樟腦資源，此時的總理張阿晨也進入料館幫理。〔註66〕

所謂的料館是用來採製造船物料所用，同時也兼辦腦務，〔註67〕而臺灣內山所產的樟林、樟腦也均歸料館收集。〔註68〕軍工料館在當時是眾所周知的「肥差」，張炎在探討宜蘭的「林泳春案」時就指出料館貪污浮報的機會不會少於其他，於是吸引許多差役去任差，並且還必須要有極大的「人事關係」才有機會擔任。〔註69〕料館內職員的「好處」，從陳培桂的記載便可詳知：「淡彰出產樟木，向歸艋舺料館收買；故內山各煎腦戶，亦歸料館約束。料館為道署軍工廠料煎腦則傷料。數十年來，樟腦買賣皆料館操縱，腦灶各無賴亦知斂跡」〔註70〕張阿晨得以以總理的身份參與料館的運作，可見與官府的交情匪淺，並從中掌握若干的「樟腦利益」。張阿晨除了擁有料館的差務外，也在擔任總理期間掌控住吞霄港抽分公費的權力。這項抽分公費自從張阿晨掌管後，之後的總理鄭騰芳、張鎮邦也輪流經理過，因此這項公費顯然變成總理才有權管理使用，並成為地方慣例。〔註71〕

另外，張阿晨除了逐步支配地方的漢人社會外，也與吞霄社的領袖合作承包番社番租。同治三年（1864）吞霄、苑裡一帶的番社因未繳正供被官府

佳音主編，《臺灣商業傳統論文集》（臺北：中研院臺史所籌備處，1999年），頁96。

〔註64〕淡新檔案校註出版編輯委員會，《淡新檔案（八）》（臺北：國立臺灣大學圖書館，2001年），編號14302.2-3（咸豐十一年八月二十八日～咸豐十一年九月二日），頁363～364。

〔註65〕淡新檔案校註出版編輯委員會，《淡新檔案（八）》，編號14302.2（咸豐十一年八月二十八日），頁363。

〔註66〕《淡新檔案》，編號34101.1（同治元年七月初三日），國立臺灣大學特藏組藏。

〔註67〕連橫，《臺灣通史》，頁504。

〔註68〕淡新檔案校註出版編輯委員會，《淡新檔案（八）》，編號14302.6（咸豐十一年十一月），365～366。

〔註69〕張炎，〈宜蘭的林泳春案〉，《臺灣風物》，卷34期3（1984年9月），頁122。

〔註70〕陳培桂，《淡水廳志》，頁114。

〔註71〕淡新檔案校註出版編輯委員會，《淡新檔案（十）》，編號15211.3（光緒五年五月二十四日），頁219。

追討，當差役下鄉催促其中的吞霄社通事莫張路繳租時，他的女兒回答差役說吞霄社的租谷為總理張阿晨包收，也是由他向官府繳供，而他的父親正與張阿晨一同外出尚未回家。〔註72〕因此張阿晨可能已掌收吞霄社的番租，而他的介入也已經違反清代官府屢禁漢人包社掌收番租的規定。居住在苑裡的生員蔡相就寫了一篇〈論番租沿革事宜〉來說明當地漢人包社的事實與其由。蔡相認為在不肖熟番為了爭充頭目，並藉以取得番大租與口糧來假公濟私的情況下，進而與漢人協商共謀，讓漢人出錢打通關節向官府說定，得以讓他們順利充當番社頭目（又如業戶、通事、土官）。於是這些與漢人謀定的熟番在當堂領戳後，回家就將戳記交予漢人掌收大租或口糧。〔註73〕除了張阿晨外，苑裡總理陳文讚則擔任貓盂、房裡、雙寮三個潘姓業戶的管事，同時也照樣積欠官府正供。〔註74〕照蔡相的說法，竹南三保的番社似乎有被漢人以包社的方式承攬番租的跡象，尤其是張阿晨如果真有包社的事實，那麼他則身懷漢、番職員的戳記，除了使他具有更大的影響力外，所擁有的各種檯面下的「利益」更是可觀。

## 二、抗租糾紛

在前文討論婁雲公佈的〈庄規四則〉中，我們已經知道總理擁有對轄內抗租佃戶的追討權力。而實際上總理追討租額也頻頻在地方社會中起了作用，尤其在抗租糾紛中官府也試著諭令總理去勸戒或者催收佃人盡速地完納租額。然而總理張阿晨也捲入抗納租額的案件，不過他並非協助國家徵收賦稅，而是被督收屯租的書吏劉化龍指控他包庇佃民並企圖「持符滅課」破壞國家稅收體制，以及干涉地方行政。〔註75〕

該案起於咸豐十一年（1861），據「分督書」劉化龍稟稱：吞霄內湖庄的胡四興三人共積欠官府屯租數十年，約有 200 餘石未繳。胡四興這份田業是在許久之前向李阿標承買而來的，原帶屯租 7 石 3 斗，後分成三股，其中一

---

〔註72〕淡新檔案校註出版編輯委員會，《淡新檔案（十六）》，編號 17411.36（同治三年七月十五日），頁 175。

〔註73〕蔡相，〈論番租沿革事宜〉，《苑裡志》，頁 200～202。

〔註74〕淡新檔案校註出版編輯委員會，《淡新檔案（十六）》，編號 17411.8（同治三年四月十八日），頁 151～152。

〔註75〕淡新檔案校註出版編輯委員會，《淡新檔案（十六）》，編號 17410.1-5（咸豐十一年十二月初八日～同治二年二月初四日），頁 147～150。

股典與楊桂麟，帶屯租 2 石 5 斗；另一股則典與湯洪，同樣帶有屯租 2 石 5 斗，而胡四興則是 2 石 3 斗。不過這三股自轉手以來便從抗不完納，十月二十九日，分督吞霄社的賴慶前往吞霄將胡四興帶往貓裏街（今苗栗市）交給對保看押，但是賴慶卻突然接到總理張阿晨的兩封來信，說劉化龍要他帶回吞霄營盤繳納。於是胡四興在總理張阿晨的包庇下回到吞霄，並且為了替胡四興脫罪，還跟賴慶說胡的田業該繳的是番租而不是屯租，並逼迫賴慶催割現年的單據，來吊銷胡四興歷來積欠的租額。〔註76〕在張阿晨的強勢介入下，劉化龍無可奈何的請求同知秋日觀嚴拘胡四興等三人到案。雖然秋日觀立即下令嚴押胡四興等人，命其速將積欠屯租即日照數完納，並且還要張阿晨前來釐清案情。不過秋日觀票催差役二次，卻仍未能把四人帶來衙門。〔註77〕

　　同治元、二年（1862～1863），新任的淡水同知鄭元杰仍然票發差役追人，不過仍是無半點消息，直到同治三年（1864）有了新的進展，並且還牽扯前任總理劉振德。該年二月四日，胡四興的母親胡黃氏向同知鄭元杰控告前總理劉振德覆收侵吞胡家滯納的屯租，鄭元杰立即下令將劉振德之子劉紅嬰追押。〔註78〕但劉紅嬰的兄長劉太則挾怨報復，趁著天還沒亮，私下糾眾數十人將胡黃氏的家物洗搶一空，並將胡四興擄走，胡黃氏請鄭元杰嚴提劉紅嬰究辦追贓，再令劉家讓胡四興能被釋放回家。〔註79〕

　　四月十八日，吞霄街舖戶劉鳳翔向同知鄭元杰說明胡四興三人承管的田業租谷與繳納方式，劉鳳翔出面的原因是胡四興三人的田業除了每年應向督收書繳納屯租外，尚得向他帶納番口糧 4 石 8 斗。此外，劉鳳翔還當堂向鄭元杰說張阿晨的確有徇私包弊積欠屯租的佃人，並且還說在咸豐十一年（1861）時，分督書賴慶向他兜索不遂，於是總理張阿晨勸他備銀 20 元交給他代為理處，但最後卻被張氏自己私吞，因此還懇求鄭元杰幫他追還銀兩。〔註80〕本案最後查明胡四興等人的積欠，是由於其業屢屢易主，所以在

〔註76〕淡新檔案校註出版編輯委員會，《淡新檔案（十六）》，編號 17410.1（咸豐十一年十二月初八日），頁 147。

〔註77〕淡新檔案校註出版編輯委員會，《淡新檔案（十六）》，編號 17410.2-3（咸豐十一年十二月初九日～同治元年二月初八日），頁 147～148。

〔註78〕從案情文脈來看胡黃氏有跟劉振德打過官司並且勝訴，劉振德的小兒劉紅嬰還因此被差役追押，不過該案卷並未保存下來。

〔註79〕淡新檔案校註出版編輯委員會，《淡新檔案（十六）》，編號 17410.7（同治三年四月十八日），頁 150～151。

〔註80〕淡新檔案校註出版編輯委員會，《淡新檔案（十六）》，編號 17410.8（同治三

承管上皆不同人，以致每年胥差到處徵收，彼此互相推諉，所以越欠越多難以完繳。而胡、楊二人也在日後繳清積欠租谷，唯湯洪一戶只肯認納四年，其餘皆推給上手佃人時所積欠，而官府也一直發票向湯洪追繳，沒了下文。〔註81〕

在這件案子中，張阿晨除了捲進抗租糾紛外，在地方官員一再票遣差役下鄉提訊四人時，張阿晨也不曾露臉；而劉化龍用「持符滅課」貼切的形容張阿晨的不法行徑時，就明指張阿晨倚靠身為總理把持地方。另外，前總理劉振德為何會前往胡四興的田業收取租谷呢？我們或許已意識到某些具有企圖、野心的總理可能會部份承攬租谷，張阿晨對胡四興的包庇行為更可說明這樣的情況，如果雙方沒有利益互換的關係，張阿晨根本沒必要以身犯險而惹火上身。

不過，即使地方官員對張阿晨的作為不滿，淡水同知鄭元杰仍然任用張阿晨來執行呑霄的政務。同治三年（1864），鄭元杰因需督帶兵勇拏辦盜匪，〔註82〕但軍需兵餉卻短缺不足，因此派遣差役會同書差、壯勇首，以及各地的總理等人，向積欠屯谷的佃戶進行催繳。其中前總理鄭騰芳就積欠日北社北合興在咸豐元年至三年的租谷（1862～1864），〔註83〕而鄭騰芳除了部分完繳外，尚積欠屯租谷 382 餘石，以及正供谷 53 石 7 合，是三位接辦北合興業戶中欠額最大的。〔註84〕官府在追繳半年後，鄭騰芳等業佃仍然未能繳納，九月二十九日鄭元杰再度派遣「差勇」追款，並吩咐如果業佃再次抗延「即將該玩戶正身鎖帶赴轅」。〔註85〕因此鄭騰芳可能被官府追繳欠谷，而導致家業上的困難。一件同治四年（1865）鄭騰芳杜賣其父鄭媽觀在南和等處開墾的田園房屋契約，由於這筆土地由張阿晨從中引見邱井生前來承買，並有汛

年四月十八日），頁 151～152。

〔註81〕淡新檔案校註出版編輯委員會，《淡新檔案（十六）》，編號 17410.9-11（同治三年四月二十日～同治三年五月十一日），頁 152～154。

〔註82〕鄭元杰所拏辦的盜匪應是戴潮春事件中的匪徒，其事蹟可見於文後。

〔註83〕日北社業戶北合興自道光二十年至三十年是竹塹城鄭吉利包收大租；咸豐元年時則由總理鄭騰芳管理；至咸豐四年則又改由謝媽成管理。淡新檔案校註出版編輯委員會，《淡新檔案（十六）》，編號 17411.28（同治三年七月初七日），頁 170～171。

〔註84〕淡新檔案校註出版編輯委員會，《淡新檔案（十六）》，編號 17411.33（同治三年七月初十日），頁 173～174。

〔註85〕淡新檔案校註出版編輯委員會，《淡新檔案（十六）》，編號 17411.50（同治三年九月二十九日），頁 186。

官作爲場見人，應可說明官員責成總理張阿晨陪同差役向鄭騰芳追繳欠谷的過程，該紙契約頗爲重要，因此全文抄錄如下：

> 立杜賣斷根田屋山場竹木契字人鄭騰芳，先年承父合成招夥向番承墾有南和十坑等處，既成之業，亦經鬮定，因當日隘費不敷，眾議內面歸芳掌管。兹今抽出馬陵坑口田園壹處，其業界址，東至隘察崁頂小崁透落邱古耕作田尾橫過透北大龍小崁爲界，西至大河爲界，南至燥坑口小崁爲界透上大龍頂水流南爲界，北至新庄仔担水路埋石透上庄背山牌大路爲界，原帶大坑併馬陵坑兩位坡水通流灌溉，又帶有茅房參座，內帶桁桷、門窗、戶楄、牛欄、豬稠，及禾坪菜園等項。每年帶納番租口糧租谷貳碩。正情因缺乏用費，願將此田屋等項出賣，經先儘問伯叔兄弟人等，俱各不欲承受。爰是外托中引招得邱井生出首承買，當日憑中言定，時值賣價佛銀陸百玖拾玖大員正。即日銀契兩相交收足訖，銀無債貨〔貸〕准折業無來歷不明保此業委係芳自己承歸之業，並無包賣他人物業，若有上手來歷不明等弊，係芳一力抵當，不干下手承買人之事。現今立契之日芳及仝中見人等，踏明界址，所有契內物業，無論田園、屋宇、寸土寸物，俱各不留。一暨過交買主前去居住掌管，永爲邱家子孫物業。芳等子孫併房親伯叔兄弟人等，斷不敢言及贈找等情，係業情價足，一賣千休，永無贈贖。此係二比甘愿，兩無逼勒，恐口無憑。立杜賣斷根田屋山場竹木契字壹紙，又帶上手開墾契字壹紙貳紙，付執爲照。
>
> 即日批明：芳親手領到契內田價佛銀陸百玖拾玖大員正，足訖批照。
> 又批明：其燥坑口上份之田，係帶出水坑泉源二份，均分通流灌溉，批照。

> 　　　　蔡祿昌
> 說合中人　總理　張阿晨（印戳：淡水分府王給竹南三保吞霄街庄正總理張阿晨戳記）
> 　　　　陳阿保
> 場見　　汛官　侯元楨（印戳：侯元楨記）
> 　　　　　　山政
> 　　騰蛟　　　泉政

```
在場見    弟    復禮    姪    纘政
              騰治          啓政
              姪孫  如坤
代筆人          李悅仁
同治肆年十月    立杜賣斷根田屋山場竹木契字人鄭騰芳〔註86〕
```
（印戳：吞霄南和庄墾戶鄭合成義記）

　　綜合上述的討論，可見總理張阿晨實際上已部份把持地方，即使官員想對他問訊也只能消極等待差役無能的回覆，可見官府根本無法展示權威制裁張阿晨，可能連國家力量都難以深入張氏的地盤（對此筆者尚有另一點推測述於文後）。官府當初想藉由總理彌補自身力量來聯結國家與地方散佈的村庄意圖，並非那麼容易達成；不過雖然張阿晨在地方獨攬行事，在同治年間卻也努力協同官府平亂，鞏固清政府的統治權力，之後因功績顯著而被官府賞賜五品頂戴，成爲軍功士紳。

## 三、戴潮春事件

### （一）「剿匪」保庄

　　同治元年（1862）三月，距離第一次秋日覲票發差役要張阿晨回衙門問個清楚時，已過了三個月，此時所發生的戴潮春事件讓張阿晨與秋日覲的緊張關係獲得緩衝。關係能得以改善是因秋日覲奉臺灣道孔昭慈之命赴彰化剿辦八卦會時，張阿晨也跟著秋日覲隨軍平定動亂。〔註87〕但秋日覲下彰化平亂不久就因林日成突然倒戈使官兵大敗而殉難，〔註88〕這個不幸訊息傳回北臺灣時造成人心驚惶，當時「上自大甲、通霄、下及斗六以下及至嘉義之屬，皆音聞不通；雖有各處守義之士團眾，亦僅足自固而已」。〔註89〕吞霄地區因總理張阿晨隨軍助剿尚未回鄉，地方官員又陣亡的失序局面，當年陳存仁等人向官員提議不適合接任總理的古開盛，趁機與其子糾結五十幾名匪徒前往料館行搶，搶走樟腦 500 餘擔、〔註90〕番銀 1770 元、銅錢 1 百 30 千等料館

---

〔註86〕潘英海編著，《中央研究院民族學研究所道卡斯古契文書　圖文冊》（臺北：中研院民族所，2005 年），頁 201。

〔註87〕《淡新檔案》，編號 34101.4（同治元年七月十日），國立臺灣大學特藏組藏。

〔註88〕蔡青筠，《戴案紀略》（南投：臺灣文獻委員會，1997 年），頁 3。

〔註89〕蔡青筠，《戴案紀略》，頁 6。

〔註90〕根據連橫的記載，同治二年艋舺、大甲年產 12,000 至 13,000 擔，竹塹、後壠

內全部物品，並由街上的蔡學等人接贓販售。〔註 91〕料館的承辦單位金榮昌遂向官府指控其罪行，因此古開盛等一夥人隨即被官府通緝，不過事實上官府也沒有足夠的力量去應付這些罪犯，因此該案也沒了下文。然而，這份犯案者名單中有二名匪徒值得我們注意，分別是劉林山（亦做劉琳山）與劉阿妹二人。他們被官府通緝後參與戴潮春的抗官，並且二人被剿殺的過程詳載於官方奏摺，其中張阿晨負責捕殺劉林山。

戴潮春事件爲該動亂的統稱，事實上在這次動亂中參與的地方勢力尚有四塊厝（今臺中縣）的林日成，北勢湳（今南投縣）的洪欉，以及小埔心（今彰化縣）的陳弄等。〔註 92〕而劉林山與劉阿妹以竹南三保爲根據地，並在附近發動抗官活動，因此戴潮春引起的動亂，不僅波及北至大甲，事實上也已蔓延至吞霄。〔註 93〕

劉阿妹的根據地位在苑裡內山的蕉坑，他被通緝後與戴潮春、林日成等人結合一起攻擊彰化縣、斗六門，並且攻陷大甲土城，之後還陸續誘集匪徒，打算在吞霄、後壠等地滋事抗官。在劉阿妹再度興亂之前，同治二年來臺剿匪的臺灣道丁曰健已經注意他了，丁氏悄悄地輕軍減從的到達吞霄，就馬上迅速派義首鄭捷英與庄民鄭阿嬰等人夜入蕉坑，順利擊殺「匪首」劉阿妹，並搜出多件戴潮春等人使用的紅衣旗幟。〔註 94〕

而張阿晨圍捕劉林山的過程，被詳載於官方奏摺裡，這份奏摺是福建臺灣鎮劉明燈與福建臺灣道兼學政吳大廷兩人所呈上的，奏摺裡也轉引了淡水同知嚴金清的報告：

> ……同治元年戴逆案內漏網股首劉琳山一名，節經各任線挐未獲，隨飭總理張阿晨、武生賴志達各帶庄丁弁會同吞霄營汛吳國佐、督飭勇目保差各帶役勇四十名前往圍捕，該逆恃有竹圍聚更拒敵銳斃

---

年產 1,000 至 2,000 擔，可見古開盛所劫走的樟腦不在少數。連橫，《臺灣通史》，頁 505。

〔註 91〕《淡新檔案》，編號 34101.1（同治元年七月十日），國立臺灣大學特藏組藏。

〔註 92〕黃朝進，《清代竹塹地區的家族士紳與地域社會──以鄭、林兩家爲中心》，頁 32。

〔註 93〕又如吞霄庄的〈土地申告書〉中，即收錄一則理由書，內容記載其地契因戴潮春事件影響，導致該契遺失。〈吞霄庄土地申告書〉編號 82 理由書。

〔註 94〕丁曰健，〈彰境開仗連日大捷並南路各營獲勝摺〉，《治臺必告錄（下）》（南投：臺灣省文獻委員會，1997 年），頁 428～429。東瀛紀事的作者林豪亦稱此次動亂爲紅旗之亂。蔡青筠，《戴案紀略》，頁 58。

張阿晨胞弟張阿石及堂弟張阿古身死，暨飭斃庄丁多名，張阿晨憤甚，立即商同賴志達添僱壯勇四百名現攻三晝夜，張阿晨親冒矢石，首先攻破逆巢擒獲劉琳山及其子劉進城，並其姪劉阿勝等解廳，訊認曾請戴逆偽，會同往圍攻大甲并拒捕飭人不諱，亦經臣等飭據淡水廳會營提犯就地懲法⋯⋯。〔註95〕

奏摺內詳細而令人深刻的戰況，突顯出嚴金清對治下總理張阿晨，以及武生賴志達剿逆功績之重視與關注。不可諱言的，這樣的功績實有助於嚴金清的地方治理績效，因此劉明燈、吳大廷日後即向上奏請讓嚴金清加知府銜。〔註96〕而日後官府打算在戴案中，開列因公殉難的文武員弁與兵丁人員名單，讓他們能入祀於昭烈祠，以彰顯其忠魂烈魄與為國犧牲的精神。值得注意的是，這份開列名單中，出現總理張阿晨的二名弟弟——張阿石、張阿古，〔註97〕並且從此名單中可發現，其他入祀人的身份均為官員、兵丁。由此可見，張阿石、張阿古二人可以進入昭烈祠，可說是官府對張阿晨功績的重視與其親人殉難的憐憫。

　　戴潮春引起的地方動亂再次突顯總理的重要，這個影響整個臺灣中部的動亂行動，在清帝國正顧及與太平天國交戰的當時，更讓臺灣官員感到焦急。由於清帝國已無暇東顧，戰事初期官方在正規兵力上，無法得到中國兵力挹注，臺灣官員再次與地方豪強合作，共同平定動亂。

　　在這次的動亂中擁有地方勢力的總理有諸多正、反表現，列舉幾件：如茄投庄總理陳烏秋先反後降；新竹總理林愿辦理安撫局抽釐助餉；鹿港總理許行義帶義勇赴援；總理林維銘、林大約、林榮貴等為解嘉義之圍，陣亡；〔註98〕五十三庄大總理吳志高初被戴潮春封為大將軍，亦先反後降，後以聯庄、挖深溝、築高壘以防匪賊，〔註99〕事後臺灣道洪毓琛以「資募勇，竭力堵禦，接護大軍抵嘉，隨營進剿，並帶勇擊退大股逆匪，乘勝首先進解

〔註95〕〈為續獲漏網逆犯著匪多名就地懲辦以靖地方恭摺彙陳仰祈聖鑒事〉，《同治朝月摺檔》，臺北：故宮博物院藏。

〔註96〕〈為遵旨擇尤保獎恭摺會奏懇恩甄敘以昭激勸事〉，《同治朝月摺檔》，臺北：故宮博物院藏。

〔註97〕名單後還特別附註此二人為總理張阿晨之弟。吳德功，《戴施兩案紀略・戴案紀略（卷下）》，臺灣文獻叢刊第47種（臺北：臺灣銀行經濟研究室編，1959年），頁65。

〔註98〕蔡青筠，《戴案紀略》，頁3、16、35、43、51。

〔註99〕蔡青筠，《戴案紀略》，頁40。

嘉義縣圍，先後購拿要犯呂驚等多名，尤為效義出力」為由，請賞戴藍翎，並加都司銜，以守備留營補用。〔註100〕後又因協同官軍擒獲在逃股首嚴辦等多名，加游擊銜。〔註101〕還有我們也看到吞霄總理張阿晨實際參與平亂的行動外，也與苑裡的總理陳文讚、職員蔡錫疇、監生陳植東，共同設法保全地方，因此兩地受害不大。〔註102〕

最後還要提起彰化七十二庄總理張三顯，以說明總理陰陽反覆的立場與行為。同治二年（1863）戴潮春已呈敗跡之時，就帶著家眷與殘兵逃到「舊識」張三顯家中避難，張三顯懼犯隱匿之罪，成功力勸戴潮春自首投降，但在該夜卻迫淫戴潮春的妻女，並掠奪戴世積與起事以來的奇貨、珠寶等財物。後因自覺獻戴為莫大功勞，卻只被官府薄賞，遂被餘匪勸反樹旗，不久被族人捕解獻給丁曰健，而遭誅殺。〔註103〕這些事例皆能說明總理在地方的影響力，以及對官府半反抗、半妥協、與合作的態度。

## （二）地方團練

官府平定亂潮春等人主要的武力，來自地方義民與團練鄉兵，在鄉兵方面最為人所熟知的是新竹士紳林占梅與彰化東勢角羅冠英等人所率領的民間團練。當然，尚有其他人物擁有半正式的地方武力，就如第二章談到的，姚瑩在道光末年官諭地方總理收養游民作為庄丁，就已成為地方防衛力量。因此張阿晨平亂的基礎即是來自他所收養的庄丁，很有可能的他還辦理著小規模的地方團練。〔註104〕關於這點，我們則必須討論吞霄五里牌庄的慈雲寺。該寺內現存清代的匾額共有五塊，匾額的捐獻時間皆於同治元年至七年（1862～1868）之間，而且捐匾者皆擁有清政府官方身分的人物。因此我們可藉由匾額所提供訊息進一步觀察張阿晨的人際網絡，以及慈雲寺在當時的歷史意

〔註100〕洪毓琛，〈臚列嘉義守城並助官兵剿賊解圍出力各紳民清單〉，《軍機處檔摺件》，臺北：故宮博物院藏，文獻編號：090809。

〔註101〕左宗棠、徐宗幹，〈為剿平臺灣逆匪始終尤為出力之官紳人等謹遵旨查明分別量予獎敘臚列清單恭摺會奏仰祈聖鑒事〉，《同治朝月摺檔》，臺北：故宮博物院藏。

〔註102〕蔡錫疇、陳植東二人皆被編寫進苑裡志的列傳，可見二人在地方上的影響力。蔡振豐，《苑裡志》，頁142～143、183。

〔註103〕蔡青筠，《戴案紀略》，頁53～56。

〔註104〕這樣的推論，來自張阿晨被著賞五品頂戴時以「團首」為頭銜。中國第一歷史檔案館，〈軍機處剿捕檔（五十二）〉，同治五年四月份。北京：中國第一歷史檔案館，微捲。國立臺灣歷史博物館館藏。

義。

　　相較鄭媽觀在吞霄街上倡建的慈惠宮，張阿晨居住的五里牌庄也有一間重要的廟宇——主祀觀音佛祖的慈雲寺。據〈土地申告書〉與廟方記載，這座廟宇於同治元年由張登桂捐資建造，寺廟土地為五里牌庄的庄民所獻出，〔註105〕而地方耆老進一步解釋該廟的建地為張阿晨家族所貢獻。慈雲寺這座廟宇相較於處在街中心的慈惠宮有著不同的影響力；如前所述，慈惠宮對吞霄街與舖戶有著密切的關係，而慈雲寺的區額則暗示著它與團練、平定動亂有若干的聯結。

表4-3　慈雲寺所存清代區額一覽表

| 區　額 | 時　　間 | 敬　獻　人 | 備　　註 |
|--------|----------|------------|----------|
| 化被廣生 | 同治元年桂月鼓旦（1862.8） | 候選分州鄭鴻升、五品軍功張阿晨 | 鄭鴻升即竹塹鄭如漢 |
| 慈悲自在 | 同治元年壬戌菊月（1862.9） | 吞苑董事張阿晨、陳文讚、沈求秀、張登貴、張原和、任彰 | 張阿晨為吞霄總理；陳文讚為苑裡總理 |
| 慈雲庇護 | 同治甲子年冬月（1864.11） | 軍功五品職員李添長、松盛 | 「松盛」為李添長家族在吞霄街所經營的舖戶之名號 |
| 慈芘兵戎 | 同治三年（1865） | 信官王楨、鄭榮 | 候補知縣王楨、都司銜候補水師守備鄭榮 |
| 圓光普照 | 同治戌辰吉月（1868） | 賞換花銅儘先補月游擊代理北右營中軍分駐守備李中員 | |

資料來源：筆者田野調查紀錄製表

　　對張阿晨而言，慈雲寺是他建立與擴大自己地位與影響力的重要場域。不過，由於缺乏資料，我們不曉得慈雲寺是否如慈惠宮已被當地人士作為控制財源與地方的手段，〔註106〕但從寺中區額所透露出的訊息，慈雲寺一時重要的關鍵是來自張阿晨與戴潮春事件的影響。

　　我們可以發現區額主要集中在戴潮春等人的動亂期間（1862～1865）。首先從前兩個區額就可以構築張阿晨在地方的人際網絡。區額顯示在亂事已

〔註105〕臨時臺灣土地調查局編，〈五里牌庄土地申告書〉，編號184理由書。

〔註106〕討論地方權勢者透過寺廟支配當地經濟活動的論文，可參見康豹（Paul R. Katz），〈慈佑宮與清代新莊街地方社會之建構〉，《北縣文化》，期53（1997年6月），頁71～78。

發生的八、九月，張阿晨與竹塹士紳鄭如漢，以及苑裡總理陳文讚關係密切。如前所述，吞霄、苑裡兩地總理包攬地方番社大租，而鄭如漢父親鄭用鈺所創辦的「鄭吉利」也在道光二十至三十年（1840～1850）包收日北社業戶北合興的番大租。〔註107〕接著，我們特別探討兩個匾額所吐露的歷史訊息。「化被廣生」，這面匾額讓我們知道這可能是張阿晨在剿捕「匪首」劉林山後回來敬獻的。但張阿晨以五品軍功具銜則有個歷史疑點，事實上張阿晨當時並未被清政府賞賜五品軍功，張氏獲得軍功的主要原因是在爾後於後壠、鯉魚潭再度緝捕「餘匪」，而被擬定賞賜。〔註108〕此時的匾額或許透露張阿晨在追剿劉林山時就與官府達成協議以軍功為酬庸，反之，該匾額本身的真實性可能就有問題。

這幾面匾額中，特別重要的是「慈芘兵戎」。該匾額是戴潮春事件結束後，由候補知縣王楨、以及都司銜候補水師守備鄭榮二人虔誠地自稱「信官」敬獻。當時兩人不僅向慈雲寺贈匾，還有大甲鎮瀾宮、清水紫雲巖、梧棲真武宮以及浩天宮。〔註109〕

**表4-4　同治三年（1864）王楨、鄭榮敬獻五廟六匾一覽表**

| 地　　點 | 寺　　　廟 | 匾　額　名　稱 |
|---|---|---|
| 吞霄 | 慈雲寺 | 慈芘兵戎 |
| 大甲 | 鎮瀾宮 | 慈芘兵戎、德保生民 |
| 清水 | 紫雲巖 | 慈芘兵戎 |
| 梧棲 | 真武宮 | 威昭瀛嶼 |
| 梧棲 | 大庄浩天宮 | 德保生民 |

資料來源：據田野調查紀錄製表

對於王、鄭二人的贈匾動機，則需從他們在戴潮春事件中的表現來觀察，鄭榮與王楨在平定動亂的過程中表現驍勇，鄭氏曾在一天之內斬敵四十三人，王氏則曾與林日成戰於磁磘庄。〔註110〕爾後，在同治二年十月兩人與張世英、羅冠英等人擊破林日成老巢，同月二十七日兩人再協攻海埔厝，並在

---

〔註107〕淡新檔案校註出版編輯委員會，《淡新檔案（十六）》，編號17411.28，頁170～171。

〔註108〕丁曰健，〈彙獎清單〉，《治臺必告錄》，頁522。

〔註109〕王立任等，《探索浩天宮》（臺中：中縣梧棲藝文協會，2005年），頁54。

〔註110〕蔡青筠，《戴案紀略》，頁83～84。

附近與蔡宇斬「匪賊」百餘首，以及奪其偽印、文檄、令旗、糧米、器械等物品，〔註111〕十一月又隨丁曰健、林文明破洪欉於北勢湳庄。〔註112〕亂後，鄭榮擬以游擊留閩儘先補用，並因勇敢有為，丁曰健另請賞加其勇號；王槙則留閩遇缺即補，先換頂戴。〔註113〕王槙與鄭榮的戰功讓他們得以被獎賞，隨後即贈給五間廟宇六個匾額。

其次，我們從匾額的上款字刻來知悉其動機，上款刻：「同治元年陸月統帶淡勇防甲進攻梧棲海埔厝等庄二年十一月隨同　丁觀察克復彰城皆叨」（見圖 4-5）。表面上看來鄭、王，獻匾是為感謝在神明的保佑下，讓他們得以收復失土平定亂事。不過，匾額中強調他們統帶淡勇防甲而收復諸地，可能也顯示這五間廟當時有提供武力支援。不過如同「化被廣生」之匾，「慈芘兵戎」也是有問題存在，上文敘述鄭、王二人進攻海埔厝庄是在同治二年（1863）十月，但為何匾額會難以理解地刻著同治元年（1862）六月，這問題仍有待解釋。

### 圖4-7　慈雲寺所藏「慈芘兵戎」匾額

資料來源：筆者田野調查拍攝

倘若我們把張阿晨在同治年間保庄禦敵的行動與先前的包庇抗租案再一次地檢視，我們將可以發現在秋曰覲與鄭元杰要差役找他時，他正好都間斷

---

〔註111〕蔡青筠，《戴案紀略》，頁 50～51。
〔註112〕連橫，《臺灣通史》，頁 684。
〔註113〕丁曰健，〈隨摺保獎清單〉，《治臺必告錄》，頁 485～486。

地服務官府進行「剿匪」的任務。因此除了上述筆者認為國家力量無法進入
張阿晨的地盤外，張阿晨可能也趁動亂時為官建功以免究責難。我們翻閱丁
日健在同治五年（1866）左右所列的〈彙獎清單〉，就可發現前後任的淡水同
知鄭元杰與王鏞，分別因在後壠海面與鯉魚潭擒獲「匪徒」多名而被酌賞，
而這兩次緝獲搜捕行動張阿晨仍督帶練丁隨同官兵出力，也被擬賞五品頂
戴。〔註114〕由此可見張阿晨與地方官員之間時有利害仍需互為依存。

### 圖4-8　五里牌張阿晨故居

資料來源：筆者田野調查拍攝

　　地方權勢者雖然可藉由總理擴充權益，但在面臨分配或控制地方資源的
過程中，時常伴隨著爭奪和糾紛。張阿晨在擔任總理期間，自然與地方其它
勢力有利益衝突與嫌隙，張阿晨居住的大厝，設有銃眼、銃櫃、彈藥庫，張
氏所要防範的並非如內山隘墾社會所防禦的生番，而是因為需要圍剿與防範
地方匪徒之用。〔註115〕地方耆老談到張阿晨時常巡邏村庄與緝捕樟腦走私
者，並在執行村務時與地方利益者衝突，最後被銅鑼著名的匪徒吳阿來所擄

---

〔註114〕丁日健，〈彙獎清單〉，《治臺必告錄》，頁519～520、522。
〔註115〕《淡新檔案》就記載張阿晨的弟弟張鳳岐在擔任總理期間因屢屢抓獲匪徒而
　　　　結下仇恨。光緒七年張鳳岐就遭匪報徒復仇攻殺，幸好張氏通街鳴鑼呼眾，
　　　　才得以脫身。淡新檔案校註出版編輯委員會，《淡新檔案（三）》，編號12224.1
　　　　（光緒九年十二月初六日），頁201。

殺。吳阿來爲何能擄走身有地方武力的張阿晨呢？據當地耆老談到，吳阿來當時找其下兩名匪徒裝扮成兵丁，到張家告訴張阿晨說官府有令需前往接辦，張氏因此遭擄，其弟進碩也在前往談判營救的過程中遭到殺害。之後張家爲了此事，變賣家產遠赴大陸伸冤，終使張家聲勢不如以往。然而這些功績仍讓張阿晨在任內奠定了他的影響力，或許因此日後張阿晨的么弟張鳳岐同樣也得以蒙其功蔭擔任吞霄總理，不過張鳳岐卻無法如同其兄長有辦法撫平地方糾紛，反而在另一股勢力的興起之下，讓他無法坐穩總理的職位，甚至連其兄張阿晨當時掌握的港口抽分權，也面臨被奪取的危機。〔註116〕

## 第三節　同光之際的張鳳岐與地方社會

### 一、閩粵意識

　　臺灣社會的開發過程在語言、風俗、習慣的差異下，發展出各籍分立聚居的現象。在這種分類聚墾的基礎下，各方常爲了爭奪田土水利而產生衝突，嚴重者便容易引發分類械鬥。而械鬥的肇始、擴大與官員無法及時解決民間糾紛頗爲密切。因此，如前文筆者引出官方文獻所見，總理之設爲約束民人、調解糾紛，有「息鬥」之目的存在。在上一章節的討論中，也已談到吞霄雖爲閩粵雜處之地，但從官方文獻中並無看到吞霄街庄內閩粵民人相互起釁械鬥的現象，而多來自外來的尋釁與仇殺。然官員所謂的閩粵雜處，由此看來似乎是預防來自彰化縣的閩人之原因。

　　雖然如此，但這並不代表吞霄並無閩粵之間的問題，如同前引道光二十二年（1842）地方所呈的稟文即揭示吞霄「總理之所以難舉難當，即欲舉閩，難以服粵；舉粵難以服閩。惟鄭媽觀承當是任四十餘年，三退三舉，無喜無愠，不忮不求，身雖粵籍，素不祖親，乃閩人所心悅而誠服也」簡言之，如要充任吞霄總理者必須閩粵服之，也因此才有能力調解閩粵糾紛。

　　道光末年，吞霄街庄已有閩粵籍共同擔任總理的現象出現（即閩籍陳存仁與粵籍鄭媽觀），不過未見其之間有何糾紛。但自十九世紀中葉，吞霄逐漸浮現出閩粵競逐的問題，並進入長期的競爭。同治十三年（1874）十一月二

〔註116〕淡新檔案校註出版編輯委員會，《淡新檔案（十）》，編號15211全案（光緒五年五月十四日～光緒六年四月十七日），頁218～232。

十七日，吞霄閩籍副總理黃有陞向臺北府知府陳星聚的陳稟，〔註117〕透露出吞霄街庄有正副總理的設置。黃有陞具稟目的是希望陳星聚能將他升任爲正總理；爲了達到這個目的，黃有陞特別提到：「況吞霄疆界東則山林，西則海島，宜加愼重，不意吞霄人等每欲循名而核實，陞雖責在奉公，僅屬副號，且兼閩粵異籍，凡欲圖謀諸事，言之諄諄，聽之藐藐……陞意欲安撫整頓，無如囂囂不一致，分正副者何……」不過黃有陞沒有說出自己的具體作爲。陳星聚也看出黃有陞欲言又止的意圖，而批示：「所稟語多含糊，究竟是何意見，殊不可解」並且指示時屆隆冬該準備清庄聯甲。〔註118〕

陳星聚雖然拒絕黃有陞的請求，不過他仍然注意到黃有陞在稟文所陳述的內容，因此擔心延誤清庄聯庄的要事。隨即在吞霄街庄張貼告示曉諭，命令吞霄總理、紳耆、頭人與庄民等，不可因爲有閩粵分類意識，而不協力防禦盜賊；並且說明官府責成總理是用以保護庄民，更不能因總理有正副之分而有所不服、偏袒，進而耽誤公事。〔註119〕而此時吞霄的粵籍總理，即是前總理張阿晨之弟張鳳岐，〔註120〕顯見二人之間已有嫌隙存在，互不能容。

或許是同治十三年（1874）清庄不甚順利的影響，在隔年的隆冬清庄時，黃有陞已被陳星聚升任爲正總理並與另一名總理饒廷褒，在慈惠宮設席議定聯庄緝盜章程。在這章程的具名聯署出現了「通霄街眾舖戶金和安公記」，該組織最晚於咸豐七年（1857）組成，〔註121〕這顯現吞霄街的舖戶已具有形式上的聯結，一旦地方有事，組織內的舖戶就必須集體參與，並以此公記作爲憑證，代表同街商舖行使同意權。〔註122〕金和安是具有高度凝聚力的團體組織，除了日後進一步擴大組成行郊，來爭奪港口抽分權力與控制當地貿易外，他們也以「金和安」的名義來購買土地。〔註123〕顯然吞霄舖戶已逐漸凝聚力

〔註117〕此時臺北府知府陳星聚，兼任新竹知縣，仍然是審判業務的主要官員。

〔註118〕淡新檔案校註出版編輯委員會，《淡新檔案（三）》，編號12302.3（同治十三年十一月二十七日），頁271。

〔註119〕淡新檔案校註出版編輯委員會，《淡新檔案（三）》，編號12302.4（同治十三年十二月十六日），頁272～273。

〔註120〕同治十一年淡水廳曾對各保進行總理、董事造冊，當時吞霄街總理爲張鳳岐與黃有陞，文中黃有陞列於張鳳岐之後並且無明顯頭銜，可能即是副總理之意。淡新檔案校註出版編輯委員會，《淡新檔案（三）》，編號12213.4（同治十一年五月初四日），頁149。

〔註121〕臨時臺灣土地調查局編，〈通霄庄土地申告書〉，編號82理由書。

〔註122〕林玉茹，〈清代竹塹地區的商人團體〉，《臺灣史研究》，卷5期1（1999年11月），頁50～51。

〔註123〕臨時臺灣土地調查局編，〈通霄庄土地申告書〉，編號82理由書。

量，並且合夥進行投資，因此在地方的影響力也日益擴大。吞霄舖戶左右街庄行政的情況，在此事中明顯表露出來。

　　從後來（光緒五年）金和安指控張鳳岐濫用公費的案件來觀察，身為支付公費主要來源者的舖戶，應在此時已不滿張鳳岐的作為，致使先前地方聯庄規約難以議定，因此由黃有陞升任為正總理後才給予支持，並共同規定該公費的使用方式。該章程與道光年間之不同處在於可以明顯看出總理掌握掌管從民人鳩集而來的賞犒費用，以及詳細的費用均派來源。或許這合約說明總理的使用權力，但從另一層面來看，這些舖戶規定總理該如何如實使用公款，其實也間接杜絕被總理濫用的機會。〔註124〕光緒元年地方議定的合約如下：

> 仝立合約字人吞霄等處總理饒廷襃、黃有陞、街正江鵬程、鄉長沈仕生、各庄庄正暨舖戶、佃戶等，為聯約庄規，以靖地方而安善良事。竊思朝廷立法，盜賊在所必除，鄰里協和守望，最宜相助。茲我吞霄一十三庄，昔經公議庄規，風淳俗美，所以士農工賈得以各安生業。不意世風日下，法弛弊生，近來竟有強橫之徒，藉端擄搶勒贖；或白日糾眾滋事，縶屑趕牛；或黑夜竊劫財物，偷雞吊狗，以及盜取田園五穀，種種弊端，難以枚舉。襃等今奉憲諭清庄聯甲，爰於十一月二十三日設席，邀仝吞霄保內各庄庄正、舖戶、佃首人等，到場酌議聯約，重整庄規，以期保護地方。自議之後，吞霄各庄人等務宜同心協力，遵約而行。倘有不法之徒，故犯規約者，無論大小姓人等，立即傳眾細交總理，送官究治，毋得強弱相欺，親疏袒護，庶強惡知儆，而善良得安矣！今將議約條規開列于後：
> 一議：凡我街庄人等遇有大小事情，不論本庄別處，務先投明該管總理公人調處，如敢擅行擄人，或趕牛縶屑搬搶財物者，傳眾將為首之人細交總理，送官究治。批炤。
> 一議：街庄不論白日黑夜，有能拿獲藉端趕牛之盜賊者，將賊匪贓牛并交公人，送官究治，公賞銀拾貳元。批炤。
> 一議：街庄耕牛倘遇被盜強趕或偷牽者，傳眾各宜協力追尋。如有聞傳詐為不知，陽奉陰違，公議酌罰，重則送官究治。

〔註124〕淡新檔案校註出版編輯委員會，《淡新檔案（三）》，編號12303.2（光緒元年十一月），頁275～276。

一議：街庄倘有窩藏引透外匪入庄，禍害庄中者，查有實跡，將其解官究辦。批炤。

一議：街庄倘遇強盜擄人、紮厝、趕牛、攻劫等情，登即鳴鑼吹角爲號，各宜寔力救護，截途圍拏，有能當場殺獲持械拒捕之匪壹名，公賞花紅銀捌大元；若能當場生擒賊匪壹名，係首犯，公賞花紅銀拾貳元，係從犯賞銀陸大元；倘被匪拒傷，公眾醫治全癒，再給養傷銀肆大元；廢疾者，公給生理本銀貳拾四元；萬一不幸被匪傷斃者，公給養家傳嗣銀柒拾貳元。以上各款賞犒及一切費用，向總理取領。在□□庄舖户照田租均派業佃各半，無田租者照殷實均派。如爭主者，備出四分，公眾幫出六分。倘事主貧苦，家資傷盡，無力出賞者，公眾抵當。倘拿賊受賄得贓私放，查出與賊同罪。立批炤。

從張鳳岐缺席這次街庄議定條約來看，張氏似乎已不再擔任總理。然而從《淡新檔案》的紀錄來看，張鳳岐在隔年（光緒元年）仍以總理的身分出現。因此張氏可能短暫曾離開職位，或者在得不到街上舖戶等權勢人物的支持下，無法參與（或是不願出面）這次集議。總之，呑霄街庄已開始有明顯的勢力分野，並且各自以擔任總理的職務的方式，進行地方資源的控管。

## 二、地方勢力的競爭

清政府所建立起的地方鄉職人員，主要是藉由這些來自地方殷實人物，將國家政權往下延伸，藉以有效的管理地方。所以官府若有命令下達，由總理爲首的鄉治組織，就必須傳達官令於轄內各庄，或協助差役官府交辦事項。總理等人並不向官府支領薪資，於是在辦理官府公務以及地方公共建設上，通常其費用需要自行籌措，也就是向地方殷戶、民人派捐，來完成各項工作。〔註 125〕在這種結構下，如地方有操守不良的總理任職，便會引起地方其他勢力指控總理假公濟私，或者其最終目的攸關地方利益的爭奪或分配。

目前可以知道呑霄總理可掌握的地方公款，除了來自因聯庄防盜需求的資金外，還有呑霄港的出口貨物稅。而在張阿晨任職總理時似乎不曾有人出面與其競爭總理之位，然而在其弟張鳳岐就任時，卻連續遭到其他地方勢力的競爭，其用意明顯是要掌握地方公款的使用權，並成爲雙方勢力爭控源頭。

〔註 125〕戴炎輝，《清代臺灣之鄉治》，頁 32～33。

　　如前文所述，同治末年吞霄街舖戶已有不滿張鳳岐的跡象，光緒年間雙方勢力更明顯競逐總理職位。光緒元年原本的副總理黃有陞在得到地方舖戶的支持與成功升任正總理後，意味著他號令地方的權限已足以與粵籍總理張鳳岐並駕齊驅，黃氏也開始出面指控張鳳岐的違法行為。在此將從淡新檔案裡的二件案件，說明黃有陞如何結合其他地方勢力來控告張鳳岐，並從中奪取權力。

### （一）姻親結盟

　　光緒元年（1875），吞霄總理張鳳岐無端捲入一則窩藏匪徒的案件，案件起於該年七月初四日，有盜賊十餘人於吞霄港口劫走鹿港來的船隻，並駕船出海至腳踏港（今大安鄉西安村）搶奪另一艘米船，因此讓一名水手淹死。於是知縣派遣對保差役蔡照前往查明事情原由，幾天後蔡照回報，這些匪徒是來自彰化縣水裡港（今龍井鄉麗水村），並且是該地總理張玉榮為首召集的，他們來吞霄的原因是為了看苑裡街的普渡慶典，並住在吞霄總理張鳳岐家裡。〔註126〕蔡照的調查說明張鳳岐與這批匪徒是同夥的，於是知縣立即票遣差役提辦張鳳岐到案釐清。〔註127〕同月間張鳳岐前往竹塹城候訊，並具稟陳情自己是被總理黃有陞與和他有姻親關係的差役蔡照所污陷。張鳳岐直指兩人結怨是來自黃、蔡二人將去年他所拏獲的匪徒同黨張阿朝放走，於是張鳳岐將這件事向上稟告備案，因此黃、蔡二人趁這次搶劫命案，污陷他窩藏罪犯。張氏所言並非憑空捏造，因此得到陳星聚的認可而開脫。〔註128〕而張鳳岐在洗脫嫌疑後也因總理的權責，進入調查此案，並回報窩藏匪徒者是住在南勢庄的張阿朝、田有明家中，因此得以脫身。〔註129〕

　　由此案可看見黃有陞與差役蔡照是建構於親屬關係之上，使原本的關係更為密切，並且由該案的指控過程來看，黃氏在與張氏產生衝突後，蔡照藉由對保差役的身分職責，搶先污陷張鳳岐，試圖影響官員審理黃、蔡兩人先前所犯之案，讓原本可能獲罪的二人得以開脫。不過從日後看來，三人最終

〔註126〕淡新檔案校註出版編輯委員會，《淡新檔案（三十二）》（臺北：國立臺灣大學圖書館，2009 年），編號 33315.9（光緒元年七月初九日），頁 73。

〔註127〕淡新檔案校註出版編輯委員會，《淡新檔案（三十二）》，編號 33315.11（光緒元年七月二十一日），頁 74～75。

〔註128〕淡新檔案校註出版編輯委員會，《淡新檔案（三十二）》，編號 33315.12（光緒元年七月二十二日），頁 75～76。

〔註129〕淡新檔案校註出版編輯委員會，《淡新檔案（三十二）》，編號 33315.12-16（光緒元年七月二十二日～光緒元年七月二十八日），頁 75～78。

還是繼續擔任原本職位，可見陳星聚並未對此做出嚴屬的懲處。

## （二）金和安

光緒五年（1879）張鳳岐再度被黃有陞指控，這次黃氏連同數位庄正，與金和安等勢力，進行爭奪由粵籍總理張鳳岐所管理的吞霄港抽分公費，並且希望轉由金和安郊來管理，而當公費有餘則由爐主輪流清算。〔註130〕當初抽分公費的成立，是因「吞霄地方面海背山，南連彰界，咫尺之區，每有彰匪竄入境內，勾結橫行，庄民不安枕席，爰是眾議鳩抽在地經費，以資防禦」，故地方商議在吞霄一帶出港的米、石、糖、蔴，每擔抽銀三點，什款等貨物則酌量抽收，作為地方緝堵匪徒的公費，並用來修補廟宇竹圍、柵門等，由總理於慈惠宮督收。〔註131〕金和安稟稱張鳳岐佔奪抽收，藉公肥己，不拿出公費來修補廟宇竹圍、柵門以及防盜等用途，還向舖戶們強派攤公，甚至督同數十名手執銃械的壯丁，橫行向地方強抽費用。在黃有陞等人的指控下，張鳳岐也上稟反控對方結交匪類，欲奪抽分公費。在此需要注意的並非是兩造之間的攻訐，由於為求控告成功，雙方往往會捏詞混稟。重要的是，這起案件將能說明總理區的公費來源、支出，以及黃派如何爭奪抽分權。本案的焦點有三個部份：第一、金和安郊成立的意義，二、抽分公費的用途，三、官員的判決。

吞霄舖戶從道光年間以來便一直參與當地總理的稟舉，我們除了該認識舖戶在地方所擁有的權勢外，更重要的是，吞霄地方公費的捐派中，舖戶佔著重要的比重。舖戶們稟舉、支持適合的人來擔任總理，意味著將能讓公費用在「適當」的用途。所以舖戶等團體所推舉出來的總理，自然與推舉人關係甚密，其中也不乏直接推派街上的舖戶來擔任總理，如前文所述及的劉振德與梁壬生等人。由此可知，吞霄舖戶在地方而言擁有著不小的勢力，同時也參與地方各種事務的運作。

光緒五年（1879），金和安眾舖戶為保護本身利益和伸張其權利，公舉德芳號（林萬芳）組織金和安郊，並模仿竹塹城金長和的方式，雕刻屬於自己

〔註130〕淡新檔案校註出版編輯委員會，《淡新檔案（十）》，編號15211.1（光緒五年五月十四日），頁218。

〔註131〕淡新檔案校註出版編輯委員會，《淡新檔案（十）》，編號15211.2、6、16（光緒五年五月二十四日～光緒五年九月二十八日），頁219～220、222～223、230～231。

郊號的圖記，以及議立公簿，做爲登記公款的收支帳冊。〔註132〕試圖將總理掌管的抽分公費轉由金和安郊來督收發落。金和安郊的成立或許來自總理張鳳岐向舖戶強行抽收與濫用公費下的團體凝聚與反抗，但本質上仍是以爭取吞霄港的抽分權爲最終目的。〔註133〕

　　新竹知縣劉元陛面對雙方兩造的互控，在六月八日提訊雙方審案，認爲二人「同充吞霄總理，但素挾私嫌，每遇地方公事，此進彼退，兩不相能」劉元陛諭令二人此後必須和衷辦事，不得再挾私報復，並且做出決定：抽分公費由於張鳳岐辦理已久，不便遽行更易，仍然由他辦理；舖戶等人若不願辦事，一經查出，則立即法辦。劉元陛的判決與態度，讓張鳳岐的權力更行牢固，但是吞霄舖戶日後仍得面臨張鳳岐的督收、攤派，即使是「藉公肥己」的事實。面對這樣的判決，吞霄二十四間舖戶決定繼續控告張鳳岐，〔註134〕這讓劉元陛諭示張鳳岐儘速將抽分公費的用途，逐條詳細列出。之後張鳳岐呈上的抽分公費收支條目如下：

計開：收款

一、每年吞霄港抽分，年冬上順收錢七十餘千文，中五十下四十餘
　　仟文餘不等。開款

一、港口倘有商船擱淺，恐被匪乘危搶奪，僱丁一名，年給工資銀
　　貳拾元。

一、十月冬起至年底止，僱勇丁貳名，巡守路道，每名月給工資貳
　　元，參個月共銀拾貳元。

一、南興庄庄正邱阿開探查內山，遇有匪徒出擾，立即來報，鳴鑼
　　號炮，協同督率壯丁幫拏，年貼鉛藥諸費銀陸元。

一、每年七月中元普度，從省費用，銀拾捌元。

一、本街隘門竹圍，遇有損壞，務要修補，工程大小無定，開數亦
　　不等。

以上各款，全望抽分起色開費。

---

〔註132〕淡新檔案校註出版編輯委員會，《淡新檔案（十）》，編號 15211.6（光緒五年六月十四日），頁 222。

〔註133〕淡新檔案校註出版編輯委員會，《淡新檔案（十）》，編號 15211.3（光緒五年六月七日），頁 220～221。

〔註134〕金和安郊這次不再出面具稟，顯然是擔心會遭到知縣劉元陛認爲他們「抗違命令」，因此改由舖戶出面陳情。

至以挐匪賞款以及勇費，原乎論事酌給，花費不定多少，抽分款項微小，豈能由此給發。較之同治十三年八月間，挐匪李圭角一名，被張番婆主令黨匪二百餘猛，擁街搶奪，殺斃勇丁二命，時街眾紛紛不一，岐責忝奉公，即多催勇丁堵敵匪徒一案，總共開費銀伍百餘元，陳府憲前任淡廳親臨解散，辦理有案。

又陳府憲前任淡廳剿辦吳阿來一案，岐奉諭吊勇四十名，隨軍二月有奇，開去勇費、鉛藥什費等項，計銀五百餘元，除二保防堵抽分局攤給乙百餘元，尚缺四百餘元，成案可稽，各費均為地方起見，因公破家之慘，實難言之，惟奸徒屢欲捏詞稟陷不已，合並呈明。

由張鳳岐開列抽分公費用途來看，其花費除了一項用於中元普渡上，其它皆與地方防禦與挐匪有關。這也說明這些開銷皆是眾人所認可的合法用途。不過，反對張鳳岐的派系也在一個月後，針對張氏所呈上的抽分公費收支用途，進行逐一的反駁：

計開：辯明

張鳳岐假捏條款于左

一、據伊稟稱港口倘有商船擱淺，恐匪搶奪，僱丁工資二十元混稟抵飾，獨不思有商船擱淺，自有附近庄丁救護，亦有船主取出給賞，荷蒙發給旗諭可証，何以張鳳岐催丁開費之情。

一、據稟稱每年七月中元普度，從省費用銀十八元混稟抵飾，但中元度施，眾舖戶諒力，各宜誠心，焉有抽收交付費用之理。

一、據稟稱剿辦二保吳阿來一案，開費銀項與吞霄三保街眾何涉。

一、據稟稱挐獲李圭角被張番婆擁搶開費，確有事主張番婆可以開發，與街眾何干，無如張鳳岐情虛懼追，假捏條目抵飾肥私，希圖射利，所伊稟稱出門辦公壯丁隨行，是以吵索舖戶，非以豫防匪徒，不然實有防匪，則汛地被劫，匪亦難逃，理合登明。

以上的辯明文件指出雙方爭執所在。從內文可看出張鳳岐為了維護地方治安，特別「加強」僱勇丁來巡邏保全地方，而其他花費名目也都合乎情理。即使張鳳岐為報其兄被吳阿來擁殺之仇，而將自己總理轄區的公費拿去支援剿辦，但對官府而言，並非不正之事（或許張鳳岐還能因此得到官府的褒賞）。〔註135〕只是反對張鳳岐的黃有陞派則認為張鳳岐濫用公費，也沒有將

---

〔註135〕張鳳岐曾在光緒十五年清丈告一段落被官員以六品軍功請賞五品頂戴，目前從史料中並無法得知張鳳岐如何獲得六品軍功，也沒有任何有關張氏的助剿

抽分公費用途公開透明，還常向舖戶等人強收費用，並且拿總理區的經費去支援其它街庄。當然兩造不停攻訐，在私下也無法達成協議的狀況下，本案在新竹知縣卸任在即之時做出裁決：既然雙方如此爭執，就仿照竹塹城的抽分，由釐局代收，並移交新任知縣核辦。〔註136〕

　　雖然黃有陞與金和安、舖戶們無法成功取得抽分權，但是在光緒七年（1881）由金和安所支持的林愈薰順利將張鳳岐「佈擺」而當上總理，而張氏則失去總理的職務。〔註137〕不過，在二年後地方又開始出現總理的爭奪，並且仍延續光緒五年以來的競爭關係。光緒九年地方出現擁護張鳳岐復充總理的聲浪，支持張氏的勢力是來自吞霄街、竹仔林，與張氏居住地（五里牌）的街、庄正，以及十五間的舖戶人士。他們指控現任總理林愈薰「出單勒派」民人等種種武斷鄉閭的事蹟，讓地方多故生波，所以向官府稟請將林愈薰斥革，讓原總理張鳳岐來復充。張鳳岐派在稟文用了一項罪名：「設館收詞」，〔註138〕讓新竹知縣馬上批示林愈薰將斥革示儆，是因為總理私收投詞、藉端騷擾，在知縣朱承烈眼裡所犯罪行已是「應革之列」。當然林愈薰一派也進行總理的保衛，兩方派系仍然陷入相互傾扎、攻訐，而林愈薰究竟有無被斥革，也隨著知縣的交替，檔案中沒有下文，也沒有其他相關案件可供參佐。然而，可以確認的是，張鳳岐在光緒十四年（1888）十二月已擔任總理，當時新竹正堂方祖蔭親臨吞霄面諭張氏進行清庄、聯庄等事宜。〔註139〕而張氏更在翌年因協助清政府清賦得力，被臺灣巡撫劉銘傳由六品軍功請賞五品

紀錄，很有可能張氏是因此受到官員的獎賞。

〔註136〕 不過，吞霄港的抽份究竟是否有仿照竹塹城的方式由釐局代收，因本案無下文而無法得知。然約略在光緒十九年編纂的《苗栗縣志》記載苗栗共有後壠、吞霄、大安三處釐金分卡，以抽收腦釐、茶釐，以及兩者以外的「百貨釐金」。所以吞霄的抽分權可能和其它地方一樣，改由官方督收。沈茂蔭，《苗栗縣志》，頁116。

〔註137〕 當林愈薰被反林派（支持原總理張鳳岐復充）控告時，出來替林愈薰幫稟的團體，為當時金和安以及絕大部分的舖戶。淡新檔案校註出版編輯委員會，《淡新檔案（三）》，編號12224.3（光緒九年二月二十四日），頁202～203。

〔註138〕 所謂的設館投詞，就是總理私下收取庄民的詞狀，接受投詞人的請託，以非法的方式解決民人之間如如戶婚、田土、錢債、口角細故等糾紛。設館投詞的出現即讓官府責成總理保衛地方的美意喪失，總理違例私設開館，用意即在賺錢，所以會訛索詞禮，害民肥己，以致危害地方。所以設館投詞是官府嚴禁之事。淡新檔案校註出版編輯委員會，《淡新檔案（一）》（臺北：國立臺灣大學圖書館，1995年），編號11325.3（光緒十八年七月十九日），頁234～235。

〔註139〕 淡新檔案校註出版編輯委員會，《淡新檔案（三）》，編號12240.1（光緒十四年十二月初四日），頁247。

頂戴。〔註140〕經由這樣的過程，張鳳岐更加穩固地方的領導權力。

由此可見吞霄自同治末年以來，舖戶勢力已經逐漸凝聚，不過由於無法拒絕總理的攤派，〔註141〕並想控制地方公費，便試圖拱出另外一名總理，與對方進行政治角力，並且舖戶們還進行結社（金和安郊）來確立公信力以便從總理手中拿回抽分權的管理。林玉茹便指出金和安郊的成立是為了與總理競爭抽分權，而進行基於在地業緣關係結社，有別以於其他以宗教、信仰、血緣、地緣等結社關係。〔註142〕從張鳳岐的討論中，我們無須關注勢力之間的勝敗關係，而是藉由競爭的過程，觀察雙方如何爭奪地方資源。我們可以發現，從張鳳岐擔任總理開始，街上的商業團體便一直出面與張氏對抗，彼此都想分配與控制總理手上的地方公款。因此在爭奪地方公款的過程中，雙方勢力成員都必須先擔任「總理」來贏得國家的支持與認可，在表明擁有這份權利之後，便與競爭者進行爭奪。

另一方面，我們也看到在同治年間吞霄街商人勢力正在崛起，並逐漸能與具有土豪色彩與軍功榮身的張氏家族進行抗衡，這樣的過程也體現臺灣在十九世紀晚期地方社會與經濟上的改變。最後，在日本殖民政府來臺時地方勢力則有明顯的轉換，如在乙未收籍時屬商人勢力的湯祿（川盛號）安撫地方有功，明治三十年（1897）任辦務署參事，三十二年二月授佩紳章，並擔任保正，三十五年擔任通霄區街長。〔註143〕因此不管如何，地方家族或勢力的發展，仍是需要與國家政權有著適當的聯繫，才能確立在地方鄉里上的正統與合法性。

## 第四節　吞霄總理制的思考

十九世紀，清政府統治下的臺灣，動亂頻起。福建上級官員試圖強化地方控制而發展出以總理為首的鄉村領導階層，協助官府治理鄉村街庄。這些地方領導人物在國家的認可下合法化，各自負擔起分層的政治、社會責任，

---

〔註140〕淡新檔案校註出版編輯委員會，《淡新檔案（五）》（臺北：國立臺灣大學圖書館，2001年），編號13214.16（光緒十五年十月六日），頁267。

〔註141〕由於官府讓總理帶領地方行清庄、聯庄之務，原則上地方人士必須共同籌備執行費用，並且因該公務為官諭性質，有強制性的意味存在，也因此地方難以拒絕總理的攤派。

〔註142〕林玉茹，〈清代竹塹地區的商人團體〉，頁50～51。

〔註143〕臺灣總督府，《臺灣列紳傳》（臺北：日日新報社，1916年），頁160。

以共同維持地方秩序安寧爲主要目標。

　　某些地方在特定的時間內，總理往往是掌握街庄自治政權的主要人物。他們得到國家的許可後，成爲官府在地方的代理人，一方面執行各種基層命令，一方面領導街庄組織防禦能力、或者努力整合、建設地方。國家既然透過鄉村領導階層執行間接地方統治，擔任者的素質便成爲地方治理的關鍵，這些人究竟是會實力推動國家政務、保護地方；或是藉此濫用職權、擴充權勢，成爲地方眞正的支配者。當然，兩者皆有，亦或混淆不清，不易區別，並非每個人都是地方鄉賢、亦非都是土豪劣紳。唯有針對特定地方，長時間的觀察鄉村領導人物的作爲，方能呈現之間複雜的關係。

　　透過對吞霄的開發與歷史發展的考察，可以發現總理在此地扮演關鍵的角色。以往說明清臺灣後期是由士紳階層來領導地方，〔註144〕在此地則有不一樣的圖像——總理一直都是吞霄的主要領導人物，即便鄭媽觀、張阿晨、張鳳岐在擔任總理後都曾得到軍功獎賞（虛銜），但是實際上他們是取得總理職位才擁有合法的領導地位與權力。如此說來，並非是吞霄沒有士紳階層，據《苑裡志》記載，當地有數名生員、例貢生、監生、武生等下層士紳，以及兩名地位較高的貢生。〔註145〕道、咸年間，地方多是街庄正、商人、耆老身分參與街庄事務；同、光年間，地方逐漸出現以下層士紳爲主的領導階層，並開始替同一勢力總理幫桑，展開競逐。不過，只有總理才能名正言順掌握當地公費，並成爲號令街庄的正式領導人。在此背景下，我們可從吞霄街庄總理的個案中，審視兩個問題，經由以下的討論將可揭示清代臺灣總理制的重要性。

〔註144〕士紳、土豪都有可能是社會的領導者，但筆者認爲重要的不是他們的身份，而是本身的「社經實力」。或許，社會環境造就何種權勢者易被官府重用，但不可否認唯有實力的人，才能在地方脫穎而出，整合其它勢力。

〔註145〕《苑裡志》載吞霄、苑裡兩地貢生有陳緝熙、陳嘉謨二名；生員王紹蘭、陳連登、陳濟熙、曾肇楨、江煥章、江成章、鄭銳、蔡相、陳光昌、鄭楷煌、李鐘萼、鄭暘、蔡振豐、張源、湯登漢、張建中、駱鏡濂共十七名，其中十位是在光緒年間考取功名；例貢生有蔡壽山、鄭兆藩、湯宏文、邱楨祥、邱有才、黃文鳳六名；監生湯宥文、古昌勳、湯鴻文、吳文炳、湯如漢、張龍池、湯祿、蔡玉書、鄭寅、古松榮十名；武生古昌魁、陳朝升、鄭捷陞、邱光忠、黃國清、鄭作鴻六名。由於資料有限，難以從中區分吞霄士紳，不過其數量明顯較少。另外，貢生陳緝熙在吞、苑並無明顯影響力，據記載，他曾移居中港街，再遷竹塹城，道光至咸豐年間數次勸止械鬥，同治元年戴潮春事件與林占梅合籌防堵，並隨軍收復大甲城；另一名貢生陳嘉謨（無法確定是否同人）則擔任竹北二保中興庄南北勢等處總理。蔡振豐，《苑裡志》，頁134～136。

## 一、國家控制、干涉？總理制的地方治理

　　清政府設立正式的領導階層，藉以拉攏地方權勢人物，從一個普遍的角度來看，國家無非是藉由國家權力「控制」、「吸引」這些地方菁英，來治理基層社會。事實上，國家確實以此模式達到若干的控制效果，不過，與其強調控制，倒不如說是利益交換的合作模式。

　　我們必須了解，這些擁有國家賦予權責與地位的領導人物，他們能利用職權和國家對地方的模糊、脫節現象，反過來和國家虛實應對，甚至是切斷部份聯繫。以吞霄總理為例，當鄭媽觀為首的鄉村領導階層在面臨曹謹的強硬態度時，地方勢力的確無法避免官府交辦下來的任務。在數次與官府虛實應對後，吞霄總理遭到頻繁替換，並頗為波折地完成官府的命令。然而，官員為了嚴格監督總理不法作為而立下總理被斥格後不得復充的善意，在地方官員頻仍更替下，也早已不硬性規範。在曹謹卸任後，鄭媽觀重回總理職位，繼續掌握街庄自治權。

　　張阿晨的例子，也著實說明這樣的關係。張阿晨透過總理支配地方，雖然他被控告「持符滅課」，且面臨官府的調查時又行規避不見；但在不久後的戴潮春事件中，他卻也以維持地方治安、隨軍征討、替官府追討地方欠谷，積極改善、重建與官府的關係等作為，讓這件事石沉大海，同時也保住自己的地位。

　　另外，在鴉片戰爭、戴潮春事件、吳阿來事件中，吞霄三位總理分別協助地方官府平定亂事。身為轄區上司的廳縣官員，在獲得升官提高職位之際，也向上級稟報總理的征討功績，替總理請賞軍功，讓他們得以鞏固、擴大在地影響力，地方官員與總理雙方互蒙其利。

　　從本文的討論可以知道總理制的出現是因為臺灣動盪不安，在危及國家統治時，官府尋求殷實的地方領導，協助管理地方社會。因此總理必須負擔治安層面的責任，以及必要時去催促、幫忙追繳國家在地方的財政收益。然而總理等領導人物如何在街庄進行自治事務，官府基本上則不強行介入、干預。如同李懷印在討論晚清與民國時期的國家與鄉村時認為：「國家的首要目標是在不危急地方穩定的前提下，確保社會治安與國家財政需求得以滿足。只要能夠滿足這些要求，國家感覺沒必要去干涉地方治理的運作。」〔註 146〕

〔註 146〕李懷印，《華北村治——晚清和民國時期的國家與鄉村》（北京：中華書局，2008 年），頁 15～16。

在國家財政考量與官員頗為消極態度、無為而治的思維下，讓官府不太干預（放任、尊重）地方自治的運作，具有實力的總理自然可以有限度的支配地方。

## 二、吞霄總理與地方發展

清政府在吞霄設立總理的確收到成效，最明顯的劃分即是道光十三年，在此之前，吞霄歷經兩次嚴重的械鬥，並遭到頗具規模的破壞。道光十三年，總理鄭媽觀為了凝聚漢人力量，變賣土地，倡建地方公廟——慈惠宮，至此吞霄不曾再遭遇械鬥。道光二十二年，清政府為了防範英國窺探臺灣，特別讓「幹吏」曹謹擔任淡水同知，督促竹南三保的總理厲行清庄、聯庄，成功地讓吞霄、苑裡兩地總理帶領地方共同籌議章程，規範出各種街庄防衛條約，強化地方秩序。咸、同年間原本境內多丘陵，稻作收益較為低落的吞霄，因樟腦、茶葉得以出口，讓吞霄的政經發展超越苑裡，成為竹南三保的主要中心，總理張阿晨也從中掌握樟腦料館、港口抽分權的利益。

總理保衛地方或許不全然是奉公行事，他們還必須擔心外來入侵者破壞地方收益。同治元年，戴潮春事件爆發，前總理古開盛趁機糾集匪徒，搶劫張阿晨幫辦料理的樟腦料館。張阿晨緊急帶領地方武力，剿平古開盛等人；其後，又與苑裡總理等人保全地方，免去轄區街庄遭到焚搶的命運。爾後的總理也配合地方官府執行清庄、聯庄等防禦公務。由此觀之，吞霄總理所管理的地方街庄，始終維持著穩定的社會秩序，使地方得以持續發展。

經由上述討論，我們可看出清代臺灣總理制在地方社會中起了什麼樣的作用，討論吞霄街庄總理區不僅能說明這套制度的具體運作，更重要的是，能看出總理制在官、民之間又隱含了哪些歷史意義。

# 結　論


　　街庄總理在清代臺灣縣級以下的地方治理是個重要的設置，在十九世紀
時總理被地方政府廣佈於里保之下，藉以增強地方秩序的穩固與地方行政上
的效率。因此透過對總理制的考察有助於我們理解地方政府如何管理散落的
街庄民人，並藉由總理來承擔什麼樣的地方領導責任。

　　以往的研究無法將街庄總理置於地域做一全盤探討，這樣的原因來自史
料的殘缺不足以及官方檔案的侷限、立場。筆者透過田野調查與《淡新檔案》、
官方奏摺中的資料，試圖考察總理制如何在一個地區運作實行，並且著重觀
察充任者與地方政府之間的關係，以及如何透過總理建構、擴充自己於地方
社會的影響力。

　　總理的設立與移墾社會的現象有密切關係，由於臺灣爲新開墾之地，以
致游民問題嚴重，原本以戶爲稽的保甲制度並無法有效維護起地方之安寧，
即使雍、乾年間藉由租佃結構的業主、民人悅服的耆老，或是宗族力量的族
正來約束地方，但從結果來看仍感不足。至嘉慶年間地方政府開始設置總理
與地保共同維護地方治安，到了道光初年，地方動亂卻越演越烈，於是地方
政府開始逐步擴充總理的權責，從清庄、聯庄、團練，逐漸在里保之下形成
一個又一個的聯庄組織。這樣的改變乃是官員在面臨社會秩序的混亂，與嚴
重的社會壓力下所作的改變，也因此總理與聯庄組織結合，構成當時維護清
代臺灣社會秩序的重要基礎。這樣的過程體現官員無法有效與及時治理械鬥
與游民問題，便構思在縣級以下的里保區域設置總理，間接治理地方社會。

　　此外，從本文可觀察到聯庄組織具有幾個特別意義：一、藉由村落之間
的互相防守、合作，形成地域性的民間防衛單位，強化地方街庄之間的聯繫

與形成地方的「共同意識」；二、地方政府的管理往里保底下開展；雖然大體看來聯庄仍爲民間之自理，但是地方政府開始透過聯庄領袖——總理，協助進行各種政務的執行，因此政務的執行範圍從原本的里保，進一步地析分成總理轄區；三、鄉治組織具有分層負責的基層行政架構，總理爲聯庄之首，有董事輔之，另外隨著地方發展不同，而有庄正、族正、隘首等基層行政人員，各自負責該管區域內的治安事務。

從總理與國家政權、地方社會的關係來看，不可否認的，由總理等地方權勢人物所帶領的鄉治組織能著實減輕地方政府的行政負擔；另外，他們在動亂時爲了保護地方利益也組織義民，或進行團練剿匪以維持地方秩序，這些皆是總理被國家倚重的重要原因。但是，總理與地方政府的關係必然存有不確定性，他們也可能參與地方的抗官行動，更或者本身就是驅使地方動亂的要角。儘管如此，由於清政府執政部門的侷限，在縣級以下的行政運作，仍必須倚靠擁有地方勢力以及富有聲望的總理助爲管理廣大鄉村。

最後，本文藉由吞霄歷任總理的討論，試圖觀察吞霄自嘉慶年間官府設立總理統治地方後，官府如何透過總理進行統治，而總理爲地方帶來何種的改變與影響。經由這些探討，我們可以看到，官府設立總理的主要目的就是執行各種治安政策，不過這項重要公務，總理常陽奉陰違的處理，或者官員只要不強求地方執行，總理自然可以閃避不做，抑或拖延。所以監督總理清庄的官員，成爲重要的執行關鍵。

曹謹督辦吞霄總理清庄過程，體現了這項要務。由於曹謹爲能幹練達的官吏，曾在盜賊與械鬥嚴重的鳳山擔任知縣，因此明白總理是否認眞執行清庄聯庄，將影響地方的治安。於是曹謹頻頻對貽誤公事的總理斥革，之後甚至不再要求地方推薦，而透過查訪的途徑，試圖官諭擁有科舉功名的監生來擔任總理。此外，幹練的曹謹也識破已革總理古開盛欲再行復充，但爾後接任的官員卻不理會地方聲音，執意讓古開盛回來當總理；之後古開盛的行搶驗證了曹謹嚴謹的治理經驗。

在本文探討的總理鄭媽觀與張阿晨，我們可以觀察到他們如何藉由總理在地方社會建構優勢地位，以及如何與國家政權互動。如鄭媽觀平時所累積的勢力與聲望使他遭到斥革時，地方人士仍集體具名聯保企圖影響曹謹予以留任，之後儘管仍被斥革，但在曹謹離任後再行復充總理以掌握街庄政權；張阿晨一方面把持地方，掌握各項地方資源利益，另一方面，遇到動亂時則

藉由保全街庄與追隨官府「剿匪」立功，與官員建立良好關係，雙雙從中鞏固、擴充自己的影響力。因此，在張氏擔任總理期間不曾看到其他地方勢力的競爭、挑戰。

同治年間以來由於吞霄街庄的發展，地方不同的勢力便積極爭取總理的職位或是管理地方公款的權力。總理張鳳岐因無法使地方悅服也難擺平利益糾紛，以致開啟地方勢力的爭奪，只能繁複地進入國家司法系統，希望經由官員的審案來決定利益的歸屬。這些案例，呈現地方權勢人物透過「總理」的取得國家力量的支持以合法的立場掌握街庄政權，以擴充原本的權勢。

再者，從這些擔任者背景以及發展過程來考察，由於總理得以掌握街庄自治權、聯庄公款以及只有港市才有的抽分公費，因此，我們不難看到有各種形形色色的人出面充任總理，如早期墾戶出身的鄭媽觀家族、商業勢力興起的舖戶代表們，又或地主背景的張氏家族。經由本文的討論，雖然看似多人競逐的政權舞臺，但吞霄街庄基本上也只有擁有深厚的地方勢力以及家族背景，才有辦法久居總理職位。然鄭、張家族並非是以捐納或是科舉的方式擠身士紳階層，而是在擔任總理時隨著官府立下軍功成為當地士紳，這種過程其實也說明吞霄擔任總理者多具武力色彩，可惜的是，其他們並未積極培養親族經由科舉獲得功名，因此族人也並沒有人在科舉上有著實質的成就。此外，如古開盛在離任後與子糾結匪徒搶劫政府所設立的樟腦料館、劉振德向庄民複收租谷並縱子為匪的現象看來，擔任者的操守素質也是清政府地方治理的一大隱憂。

經由對清代總理的討論，筆者呈現出總理與地方發展、官府之間各種半反抗、半妥協的互動（亦或虛而不實），並能瞭解吞霄街庄的歷史發展與總理之間存有密切的關係。然而筆者也認為尚有許多問題仍需探討。如本文考察吞霄街庄總理的作為，與地方發展之間的關係，是基於一點重要的因素，即是總理雖然僅屬地方權力，但在許多文風不盛的地區，往往相形重要。如同吞霄的總理曾在一段時期有獨攬街庄政權的傾向，這樣的原因可能來自擔任者勢力的強大，以及地方少有士紳的關係，遂讓總理成為官府倚重治理街庄的重要中介。不過像是竹塹等文教士紳強盛的地區，總理面臨強大的競爭與權力上的抑制，其發展與權力又將呈現何種面貌？其次，本文因筆者能力有限，無法處理日本殖民政府領臺後國家統治與控制力量的改變，這些原本在清政府掌握街庄自治權或擁有基層行政經驗的總理，如何被新政府運用，其

權力結構的流動又是如何？再者，新政府在政權交替之際如何沿襲、改革清
政府時所形成的基層行政區域。這些問題仍在日後有待深入研究，才有辦法
觀察與探討各種地方型態的總理，以及在傳統與現代政府下的街庄政權。

# 參考書目

## 一、史　料

### （一）檔　案

1. 《淡新檔案》，國立臺灣大學特藏組藏。

2. 《軍機處檔摺件》，國立故宮博物院。

3. 中央研究院歷史語言研究所，《明清史料戊編（一）》，北京：中華，1987年。

4. 中國人民大學清史研究所、中國第一歷史檔案館合編，《天地會（三）》，北京：中國人民大學，1980年。

5. 中國第一歷史檔案館，《嘉慶道光兩朝上諭檔（五十一）》，桂林：廣西師範大學出版社，2000年。

6. 中國第一歷史檔案館，《軍機處剿捕檔（五十二）》，北京：中國第一歷史檔案館，微捲。國立臺灣歷史博物館特藏。

7. 洪安全主編，《清宮月摺檔臺灣史料》，臺北：國立故宮博物院，1995年。

8. 洪安全主編，《清宮諭旨檔臺灣史料》，臺北：國立故宮博物院，1996年。

9. 洪安全主編，《清宮廷寄檔臺灣史料》，臺北：國立故宮博物院，1998年。

10. 洪安全主編，《清宮宮中檔奏摺臺灣史料》，臺北：國立故宮博物院，2001年。

11. 淡新檔案校註出版編輯委員會，《淡新檔案》，臺北：國立臺灣大學圖書館，1995～2009年。

12. 張本政，《清實錄臺灣史資料專輯》，福建：福建人民出版社，1993年。

13. 孫爾準，《孫文靖公奏議》，北京：全國圖書館文獻縮微複製中心，2005

年。

14. 國立故宮博物院，《宮中檔雍正朝奏摺（二十）》，臺北：國立故宮博物院，1977 年。

15. 臺灣銀行經濟研究室編，《清會典臺灣事例》，臺北：臺灣銀行經濟研究室，1966 年。

16. 臺灣銀行經濟研究室編，《清高宗實錄選輯》，臺灣文獻叢刊第 168 種，南投：臺灣省文獻委員會，1997 年。

17. 臺灣銀行經濟研究室編，《清奏疏選彙》，臺北：臺灣銀行經濟研究室，1968 年。

18. 臺灣銀行經濟研究室編，《道咸同光四朝奏議選輯》，臺北：臺灣銀行經濟研究室，1971 年。

19. 臺灣銀行經濟研究室編，《雍正硃批奏摺選輯》，臺北：臺灣銀行經濟研究室，1972 年。

20. 臺灣史料集成編輯委員會，《清代臺灣關係諭旨檔案彙編》，臺北：行政院文建會，2004 年。

## （二）古文書、族譜

1. 〈立杜賣田園盡根契字〉，同治二年十月，陳水木先生提供。

2. 〈立找洗絕斷田根字〉，同治四年九月，陳水木先生提供。

3. 〈立仁義約字〉，道光十四年十一月，吳學明老師提供。

4. 〈立杜賣盡根店字〉，道光二十七年十月，李瑞峰先生提供。

5. 〈立杜賣盡根店契字〉，道光二十九年二月，李瑞峰先生提供。

6. 〈立邀請助辦份約字〉，道光十三年十二月，吳學明老師提供。

7. 〈姜殿邦敘獎抄稿〉，道光二十二年六月，吳學明老師提供。

8. 〈立甘愿和息字〉，光緒二年十月，陳水木先生提供。

9. 〈立胎借銀字〉，光緒三年十月，陳水木先生提供。

10. 臺灣銀行經濟研究室編，《臺灣霧峰林氏族譜》，臺灣文獻叢刊第 298 種，臺北：臺灣銀行經濟研究室，1971 年。

11. 洪麗完，《道卡斯族崩山八社與拍瀑拉族四社》，臺中：中縣文化，2002 年。

12. 蕭富隆、林坤山，《苑裡地區古文書集》，南投：臺灣文獻館，2004 年。

13. 陳水木、潘英海，《道卡斯蓬山社群古文書輯》，苗栗：苗栗縣文化局，2002 年。

14. 潘英海，《中央研究院民族學研究所藏道卡斯古契文書圖文冊》，臺北：中研院民族所，1995 年。

15. 鄭金輝，〈歷代祖宗紀念留存簿〉，手稿，年代不詳。

16. 編者不詳，〈張氏祖譜〉，未刊，年代不詳，張桂琳先生提供。

## （三）方志、其他

1. 丁曰健，《治臺必告錄》，臺灣文獻叢刊第 17 種，臺北：臺灣銀行經濟研究室，1959 年。

2. 不著撰人，《臺灣中部碑文集成》，臺北：臺灣省文獻會，1994 年。

3. 不著撰人，《臺灣南部碑文集成》，臺北：臺灣省文獻會，1994 年。

4. 不著撰人，《新竹縣制度考》，南投：臺灣省文獻委員會，1993 年。

5. 伊能嘉矩著、臺灣省文獻會譯，《臺灣文化志》，臺中：臺灣省文獻會，1985 年。

6. 伊能嘉矩，《大日本地名辭書 臺灣之部》，東京：富山房，1909 年。

7. 吳子光，《臺灣記事》，臺灣文獻叢刊第 60 種，臺北：臺灣銀行經濟研究室，1959 年。

8. 周鍾瑄，《諸羅縣志》，臺灣文獻叢刊第 141 種，臺北：臺灣銀行經濟研究室，1962 年。

9. 松下芳三郎，《臺灣樟腦專賣志》，臺北：臺灣總督府史料編纂委員會，1924 年。

10. 波越重之，《新竹廳志》，新竹：新竹廳總務課，1905 年。

11. 柯培元，《噶瑪蘭志略》，南投：臺灣文獻會，1961 年。

12. 姚瑩，《中復堂選集》，臺灣文獻叢刊第 83 種，臺北：臺灣銀行經濟研究室，1957 年。

13. 姚瑩，《東槎紀略》，臺灣文獻叢刊第 7 種，臺北：臺灣銀行經濟研究室，1957 年。

14. 姚瑩，《東溟奏稿》，臺灣文獻叢刊第 49 種，臺北：臺灣銀行經濟研究室，1959 年。

15. 洪敏麟、陳漢光編，《臺灣堡圖集》，臺中：臺灣省文獻會，1969 年。

16. 洪麗完撰稿，《臺灣古文書》，臺中：臺中縣文化中心，1996 年。

17. 徐宗幹，《斯未信齋文編》，臺北：臺灣銀行經濟研究室，1960 年。

18. 唐贊袞，《臺陽見聞錄》，臺灣文獻叢刊第 30 種，臺北：臺灣銀行經濟研究室，1958 年。

19. 孫爾淮，《孫文靖公奏牘稿本》，天津：古籍，1987 年。

20. 陳培桂，《淡水廳志》，臺北：文建會，2006 年。

21. 陳盛韶，《問俗錄》，南投：臺灣省文獻委員會，1997 年。

22. 陳朝龍、鄭鵬雲，《新竹縣采訪冊》，臺灣文獻叢刊第 145 種，臺北：臺灣

銀行經濟研究室，1962 年。

23. 菅武雄，《新竹州の情勢と人物》，出版資料不詳，1938 年。

24. 趙申喬，《續修四庫全書》，史部・政書類上海：上海古籍，1995 年。

25. 臺灣史料集成編輯委員會編著，《清代臺灣方志彙刊》，臺北：行政院文建會，2004 年。

26. 臺灣史料集成編輯委員會編著，《臺灣總督府檔案抄錄契約文書》，臺北：行政院文建會，2005 年。

27. 臺灣守備混成第一旅團司令部編，《臺灣史料》，臺北：成文出版社，1985 年。

28. 臺灣慣習研究會編、臺灣省文獻會譯，《臺灣慣習記事》，臺中：臺灣省文獻會，1984 年。

29. 臺灣銀行經濟研究室編，《清代臺灣大租調查書》，臺北：臺灣銀行經濟研究室，1963 年。

30. 臺灣銀行經濟研究室編輯，《臺案彙錄甲集》，臺灣文獻叢刊第 31 種，臺北：臺灣銀行經濟研究室，1958 年。

31. 臺灣銀行經濟研究室編，《臺灣雜詠合刻》，臺灣文獻叢刊第 28 種，臺北：臺灣銀行經濟研究室，1958 年。

32. 臺灣總督府編，《臺灣列紳傳》，臺北：臺灣日日新報社，1916 年。

33. 臺灣總督府民政部總務局地方課，《地方行政舊慣調書》，臺北：臺灣總督府民政部總務局地方課，1904 年。

34. 鄭鵬雲、曾逢辰，《新竹縣志初稿》（南投：臺灣省文獻委員會，1993 年）。

35. 蔡振豐，《苑裡志》，苗栗：苑裡鎮公所，2005 年。

36. 興南新聞社編，《臺灣人士鑑》，臺北：興南新聞社，1943 年。

37. 臨時臺灣土地調查局，《臺灣堡圖》，臺北：遠流出版事業，1996 年。

38. 臨時臺灣土地調查局，《清賦一班》，臺北：臨時臺灣土地調查局，1900 年。

39. 臨時臺灣土地調查局編，《土地申告書》，手稿本，臺北：臨時臺灣土地調查局，1904 年。

40. 臨時土地調查局，《臺灣土地慣行一斑》，臺北：日日新報社，1905 年。

## 二、專　書

### （一）中文專書

1. 丁光玲，《清代臺灣義民研究》，臺北：文史哲出版社，1994 年。

2. 王日根，《明清民間社會的秩序》，長沙：岳麓書社，2003 年。

3. 王世慶，《臺灣史料論文集》，臺北：稻鄉出版社，2004年。

4. 王世慶，《清代臺灣社會經濟》，臺北：聯經出版社，1994年。

5. 王先明，《近代紳士：一個封建階層的歷史命運》，天津：天津人民出版社，1997年。

6. 王志宇，《苑裡慈和宮誌》，苗栗：苑裡慈和宮管委會，2005年。

7. 苗栗縣通霄鎮五南發展協會等，《珍藏五南：五南社區文史采風》，苗栗：苗縣五南社區發展協會，2009年。

8. 中華綜合發展研究院應用史學研究所總編纂，《通霄鎮志》，苗栗：苗栗縣通霄鎮公所，2001年。

9. 中國人民大學清史研究所編，《清史研究集》，第六集，北京：光明日報出版社，1988年。

10. 中國社會科學院歷史研究所明史研究室編著，《清代臺灣農民起義史料選編》，福州：福建人民出版社，1983年。

11. 吉田東伍，《增補大日本地名辭書》，東京：富山房，1969年。

12. 何培夫主編，《臺灣地區現存碑碣圖誌臺南市（下）》，臺北：國立中央圖書館臺灣分館，1992年。

13. 何培夫主編，《臺灣地區現存碑碣圖誌 臺中縣市‧花蓮縣篇》，臺北：國立中央圖書館臺灣分館，1997年。

14. 何培夫主編，《臺灣地區現存碑碣圖誌補遺篇》，臺北：國立中央圖書館臺灣分館，1999年。

15. 李懷印，《華北村治──晚清和民國時期的國家與鄉村》，北京：中華書局，2008年。

16. 王立任等，《探索浩天宮》，臺中：中縣梧棲藝文協會，2005年。

17. 邱秀堂，《臺灣北部碑文集成》，臺北：臺北市文獻委員會，1986年。

18. 吳文星，《日據時期臺灣社會領導階層之研究》，臺北：正中書局，1992年。

19. 吳密察等撰文，《臺灣史料集成提要》，臺北：遠流出版社，2004年。

20. 吳學明，《金廣福墾隘研究》，新竹：新竹縣文化局，2000年。

21. 吳學明，《頭前溪中上游開墾史暨史料彙編》，新竹：新竹縣文化局，1998年。

22. 吳密察等撰文，《臺灣史料集成提要》，臺北：文建會，2005年。

23. 吳晗、費孝通等著，《皇權與紳權》，天津：天津人民出版社，1988年。

24. 吳欣，《清代民事訴訟與社會秩序》，北京：中華書局，2007年。

25. 林玉茹，《清代竹塹地區的在地商人及其活動網絡》，臺北：聯經出版公司，2000年。

26. 林偉盛，《羅漢腳：清代臺灣社會與分類械鬥》，臺北：自立晚報，1993年。

27. 周榮德，《中國社會的階層流動：一個社區中士紳身份的研究》，上海：學林出版社，2000年。

28. 施添福，《清代臺灣的地域社會：竹塹地區的歷史地理研究》，新竹：新竹縣文化局，2001年。

29. 施添福，《清代在臺漢人的祖籍分布和原鄉生活方式》，南投：臺灣文獻委員會，1999年。

30. 柯志明，《番頭家：清代臺灣族群政治與熟番地權》，臺北：中央研究院社會學研究所，2001年。

31. 洪敏麟，《臺灣舊地名之沿革》，臺中：臺灣省文獻委員會，1983年。

32. 徐炳憲，《清代知縣職掌之研究》，臺北：臺灣商務印書館，1974年。

33. 麥斯基爾（J.M.Meskill）著、王淑琤譯，《霧峰林家》，臺北：文鏡，1986年。

34. 翁仕杰，《臺灣民變的轉型》，臺北：自立晚報社，1994年。

35. 張仲禮，《中國紳士──關於其在十九世紀中國社會中的作用》，上海：社會科學院，1991年。

36. 張研、牛貫杰，《十九世紀中期中國雙重統治格局的演變》，北京：中國人民出版社，2002年。

37. 張勝彥，《清代臺灣廳縣制度之研究》，臺北：華世出版社，1993年。

38. 許嘉猷，《社會階層化與社會流動》，臺北：三民書局，1990年。

39. 梁治平，《清代習慣法：社會與國家》，北京：中國法政大學出版社，1996年。

40. 陳孔立，《清代臺灣移民社會研究》，廈門：廈門大學，1990年。

41. 陳其南，《臺灣的傳統中國社會》，臺北：允晨文化，1987年。

42. 費孝通，《鄉土重建》，上海：上海人民出版社，2007年再版。

43. 黃宗智，《華北小農經濟與變遷》，臺北：谷風出版社，1987年。

44. 黃宗智，《清代的法律、社會與文化：民法的表達與實踐》，上海：上海書店，2007年。

45. 黃旺成纂修，《臺灣省新竹縣志稿》，新竹：新竹縣文獻委員會，1957年。

46. 黃富三，《霧峰林家的興起：從渡海拓荒到封疆大吏（1729～1864）》，臺北：自立晚報，1987年。

47. 黃朝進，《清代竹塹地區的家族與地域社會：以鄭、林兩家爲中心》，臺北：國史館，1995年。

48. 楊熙，《清代臺灣：政策與社會變遷（1683～1842）》，臺北：天工書局，

1983 年。

49. 賴玉玲，《褒忠亭義民爺信仰與地方社會——以楊梅聯庄爲例》，新竹：新竹縣文化局，2005 年。

50. 戴炎輝，《清代臺灣之鄉治》，臺北：聯經出版公司，1979 年。

51. 鍾壬壽主編，《六堆客家鄉土誌》，臺北：常青出版社，1973 年。

52. 瞿同祖著、范忠信等譯，《清代地方政府》，北京：法律出版社，2003 年。

53. 魏光奇，《官治與自治：二十世紀上半期的中國縣制》，北京：商務印書館，2004 年。

## （二）西文專書

1. Allee, Mark A. *Law and Local Society in Late lmperial China：Northern Taiwan in the Nineteenth Century*. Stanford：Stanford University Press, 1994.

2. Duara, Prasenjit. *Culture, Power, and the State: Rural North China, 1900-1942*. Stanford: Stanford University Press, 1988.

3. Faure, David. *The Structure of Chinese Rural Society: Lineage and Village in the Eastern New Territories, Hong Kong*. New York: Oxford University Press, 1986.

4. Hsiao, Kung-chuan. *Rural China: Lmperial Control in the Nineteenth Centery*. Seattle: University of Washington Press, 1960.

5. Kuhn, Philip A. *Rebellion and Its Enemies in Late Imperial China*. Cambridge, Massachusetts: Harvard University Press, 1970.

6. Shepherd, John R. *Statecraft and Political Economy on the Taiwan Frontier, 1600-1800*. Stanford, Calif.: Stanford University Press, 1993.

# 三、論　文

## （一）期刊論文

1. 吳俊瑩，〈由斥革總理看十九世紀北臺灣地方菁英與官府的權力互動〉，《政大史粹》，期 8（2005 年 6 月），頁 35～65。

2. 吳學明，〈清代一個務實拓墾家族的研究：以新竹姜朝鳳家族爲例〉，《臺灣史研究》，卷 2 期 2（1995 年 12 月），頁 5～52。

3. 李文良，〈清初入籍臺灣法規之政治過程及其歷史意義〉，《臺大文史哲學報》，期 67（2007 年 11 月），頁 107～137。

4. 施添福，〈清代臺灣市街的分化與成長：行政、軍事和規模的相關分析（上）〉，《臺灣風物》，卷 39 期 2（1989 年 6 月），頁 1～41。

5. 施添福，〈清代臺灣市街的分化與成長：行政、軍事和規模的相關分析（下）〉，《臺灣風物》，卷 40 期 1（1990 年 3 月），頁 37～65。

6. 康豹（Paul R. Katz），〈日治時期新莊地方菁英與地藏庵的發展〉，《北縣文化》，期 64（2000 年 3 月），頁 81～100。

7. 康豹（Paul R. Katz），〈慈祐宮與清代新莊街地方社會之建構〉，《臺北縣立文化中心季刊》，期 53 （1997 年 6 月），頁 71～78。

8. 連瑞枝、莊英章，〈從一張古契談清代臺灣基層稅收組織的運作〉，《臺灣風物》卷 46 期 1（1996 年 3 月），頁 181～202。

9. 盛清沂，〈新竹、桃園、苗栗三縣地區開墾史（上）〉，《臺灣文獻》，卷 31 期 4（1980 年 12 月），頁 154～176。

10. 盛清沂，〈新竹、桃園、苗栗三縣地區開墾史（下）〉，《臺灣文獻》，卷 32 期 1 （1981 年 3 月），頁 136～157。

11. 許達然，〈十八及十九世紀臺灣民變和社會結構〉，《臺灣文獻》，卷 51 期 2（2000 年 6 月），頁 57～133。

12. 張士陽，〈雍正九、十年の臺灣中部の先住民の反亂について〉，《臺灣近現代史研究》，第 6 號（1988 年），頁 5～50。

13. 陳世榮，〈清代北桃園的地方菁英及公共空間〉，《國立政治大學歷史學報》，期 18（2001 年 5 月），頁 203～242。

14. 黃秀政，〈藍鼎元的積極治臺主張〉，《臺灣文獻》，卷 28 期 2（1977 年 6 月），頁 109～120。

15. 黃國峯，〈清代苗栗地區街庄自治組織的設置與發展〉，《暨南史學》，號 7 （2004 年 7 月），頁 91～149。

16. 湯熙勇，〈論康熙時期的納臺爭議與臺灣的開發政策〉，《臺北文獻》，期 114（1995 年 12 月），頁 25～53。

17. 蔡淵絜，〈清代臺灣社會上升流動的兩個個案〉，《臺灣風物》，卷 30 期 2 （198 年 6 月），頁 1～32。

18. 蔡淵絜，〈清代臺灣社會領導階層性質之轉變〉，《史聯雜誌》，期 3（1983 年 6 月），頁 25～32。

## （二）會議論文

1. 林玉茹，〈閩粵關係與街庄組織的變遷——以清代臺灣吞霄為中心的討論〉，收錄於曹永和先生八十壽慶論文集編輯委員彙編，《曹永和先生八十壽慶論文集》，臺北：樂學，2001 年，頁 81～99。

2. 施添福，〈國家、里保與地域社會：以清代臺灣北部的官治與鄉治為中心〉，發表於中央研究院臺灣史研究所主辦，「族群、歷史與地域社會學術研討會」會議，2007 年 12 月 20～21 日。

3. 許達然，〈清代臺灣民變探討〉，《史學與國民意識論文集》（臺北：稻鄉出版社，1999 年），頁 41～221。

4. 黃富三，〈臺灣開港前後怡和洋行對臺貿易體制的演變〉，收錄於黃富三、翁佳音主編，《臺灣商業傳統論文集》（臺北：中研院臺史所籌備處，1999年），頁81～106。

5. 陳世榮，〈社會菁英：國家與地方社會間的另一股力量〉，發表於中研院近史所主辦，「中國近代史的再思考學術研討會」，2005年6月29日。

## （三）學位論文

1. 王興安，〈殖民地統治與地方精英：以新竹苗栗為中心〉，國立臺灣大學歷史研究所碩士論文，1999年。

2. 石弘毅，〈清代康熙年間治臺策研究〉，國立成功大學歷史研究所博士論文，2007年。

3. 白順裕，〈清代竹塹地區的交通〉，國立師範大學歷史學系碩士論文，2004年。

4. 吳俊瑩，〈臺灣代書的歷史考察〉，國立政治大學歷史研究所碩士論文，2007年。

5. 吳奇浩，〈清代臺灣之熟番地權——以道卡斯族為例〉，國立暨南大學歷史學系碩士論文，2004年。

6. 林欣宜，〈樟腦產業下的地方社會與國家：以南庄地區為例〉，國立臺灣大學歷史研究所碩士論文，1998年。

7. 邱玟慧，〈清代閩臺地區保甲制度之研究（1708～1895）〉，國立臺灣師範大學歷史研究所碩士論文，2007年。

8. 施志汶，〈清康雍乾的治臺政策〉，國立臺灣師範大學歷史研究所博士論文，2001年。

9. 洪麗完，〈從部落認同到「平埔」我群意識——臺灣中部平埔族群歷史變遷之考察（1700～1900）〉，國立臺灣大學歷史學研究所博士論文，2003年。

10. 徐煥昇，〈臺灣苗栗通霄客話研究〉，國立新竹教育大學臺灣語言與語文教育研究所碩士論文，2007年。

11. 張炎憲，〈清代臺灣治臺政策之研究〉，國立臺灣大學歷史研究所碩士論文，1974年。

12. 陳玉貞，〈清代臺灣吏治研究——以刑名、錢糧職責為例〉，國立成功大學歷史研究所碩士論文，1989年。

13. 陳世榮，〈清代北桃園的開發與地方社會建構（1683～1895）〉，國立中央大學歷史研究所碩士論文，1999年。

14. 陳志豪，〈北臺灣隘墾社會轉型之研究：以新竹關西地區為例〉，國立中央大學歷史研究所碩士論文，2006年。

15. 陳鳳虹，〈清代臺灣私鹽問題的研究——以十九世紀北臺灣爲中心〉，國立中央大學歷史研究所碩士論文，2006 年。

16. 黃國峯，〈清代苗栗地區街庄組織與社會變遷〉，國立暨南大學歷史研究所碩士論文，2004 年。

17. 黃立惠，〈清季臺灣吏役之研究〉，國立師範大學歷史研究所碩士論文，1999 年。

18. 楊晉平，〈清代臺灣鄉約研究〉，私立佛光大學歷史學系碩士論文，2006 年。

19. 蔡淵洯，〈清代臺灣的社會領導階層（1684～1895）〉，國立臺灣師範大學歷史研究所碩士論文，1980 年。

20. 羅士傑，〈清代臺灣的地方菁英與地方社會——以同治年間的戴潮春事件爲討論中心（1862～1868 年）〉，國立清華大學歷史學研究所碩士論文，2000 年。

## 四、口述訪問

1. 鄭威聖訪問，〈李瑞峰口述訪問紀錄〉，男性，2009 年 7 月 15、22 日。

2. 鄭威聖訪問，〈張守合口述訪問紀錄〉，男性，2009 年 5 月 21、28 日。

3. 鄭威聖訪問，〈張桂琳口述訪問紀錄〉，男性，2009 年 7 月 16、23 日。

4. 鄭威聖訪問，〈陳水木口述訪問紀錄〉，男性，2009 年 8 月 10 日。

5. 鄭威聖訪問，〈鄭金輝口述訪問紀錄〉，男性，2009 年 5 月 22、29 日。

6. 鄭威聖訪問，〈何仲源口述訪問紀錄〉，男性，2009 年 11 月 7 日。

# 附　錄

## 附錄 1　鄭媽觀家族系表

### 祖籍：惠州府海豐縣金錫都後湖十八鄉

資料來源：鄭金輝，〈歷代祖宗紀念留存簿〉，手稿，年代不詳。

## 附錄 2　張阿晨家族系表

### 祖籍：惠州府海豐縣菜頭籃鄉

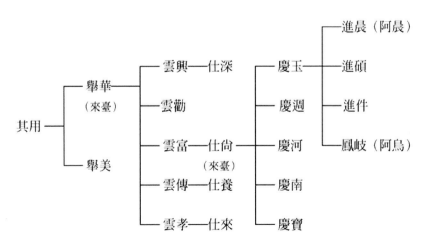

資料來源：編者不詳，〈張氏祖譜〉，未刊，年代不詳，張桂琳先生提供。

## 附錄 3　道光 23 年閏 7 月 14 日地方人士遴選張媽喜宛裡街庄總理之稟文

具僉呈。臺下竹南三保田寮庄總理梁媽成，宛裡街紳士義首陳癸森、街正楊清河、董事陳陞、呂加已、郭天送、庄正郭世富、陳蓋淡、蘇德、古阿琳、孫朱生、石送、李三才等，爲遵諭選舉，乞恩給戳辦公，以專責成事。

緣蒙鈞單，飭差對保蔡然，立吊已革總理鄭文博戳記先行繳銷。成等仍即協同選舉誠實秉正之人，堪充宛裡街庄總理，取具認充保結，稟繳驗充給戳辦公等因。竊查總理爲街庄之首，必須誠實秉正，毫無偏袒之人方堪勝任。茲成原遵 諭在于天后宮僉議，遴選得張媽喜爲人誠實，秉公持正，堪以接充宛裡街庄總理額缺。蕭興、李抄、陳烏番、郭玉圭、沈番隆等五名，堪充宛裡街族正。又鄭玉馨堪充日北山腳族正；陳讚堪充房裡庄正；劉坤堪充西勢庄正；張 媽愛堪充北勢庄正；蕭阿富堪充宛裡坑庄正；李水堪充山柑尾庄正，但庄中自願承充者，皆非秉正之人。以上新舉族正、庄正，均係誠實公正，本不肯充當斯缺，應請憲恩寬免赴驗，先給戳記，俟憲駕按臨之時，再行叩接面諭。理合先具保結僉叩，伏乞

陞憲大老爺恩准，先給戳記，俾得分交承領辦公，以專責成。至各人認充狀，俯容另取呈繳，合併聲明。叩。

【批】張媽喜是否堪充總理，候驗充給戳承辦。此外，各庄正應俟便道赴編察驗著充。至族正一項，應能民間自行舉辦，毋庸官專給戳。保結附。

道光貳拾參年閏柒月十四日具　職員陳癸林

（資料來源：淡新檔案校註出版編輯委員會，《淡新檔案（三）》，編號 12203-11，頁92）

## 附錄4　康熙五十八年　吞霄社立甘愿交換契

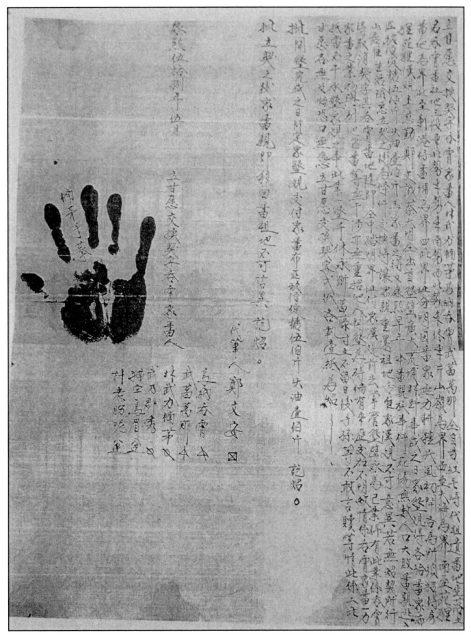

資料來源：陳水木、潘英海編著，《道卡斯族蓬山社群古文書輯》，頁325。